文化吉林

四平卷

弘揚長白山文化
打響吉林特色地域文化品牌

王儒林

　　吉林有文化，而且吉林文化有底蘊、有潛力、有特色、有希望。從前郭縣王府屯距今約一百萬年的石製工具到距今十六萬年的樺甸仙人洞和距今三萬年的榆樹人，從燕趙文化東進到漢武帝設四郡，從扶餘、高句麗、渤海文明的興衰更替到遼金、清朝問鼎中原，從抗日烽火、解放硝煙到新中國老工業基地的紅色記憶，從二人轉、吉劇、長影到吉林期刊、吉林歌舞和吉林電視劇現象，勤勞智慧、淳樸善良、勇於開拓的吉林人民在白山松水間創造出絢麗多彩的地域文化，成為中國文化版圖上一道獨特風景。

　　文化與山素來結緣，正如泰山之於魯，嵩山之於豫，黃山之於皖，長白山是吉林的象徵、吉林的品牌。吉林文化始終與長白山難捨難分、血脈相連，集中體現於長白山文化之中。長白山文化發源和根植於吉林沃土，是包容吉林各民族文化、蘊含吉林發展歷史、反映吉林人性格特質、凸顯吉林氣派的「大文化」；是中華民族「多元一體」文化的重要組成部分，源遠流長、博大精深，構成了吉林文化的骨骼和脊梁。在地域文化越來越受到人們關注、文化軟實力越來越成為衡量一個地區核心競爭力的重要指標的當今時代，大力弘揚作為吉林文化標誌性符號的長白山文化，把這份寶貴的文化資源保護好、挖掘好、利用好、開發好，對於打響吉林特色地域文化品牌，鑄造極具時代內涵的吉林精神，提升吉林文化軟實力，凝聚吉林改革發展正能量，無疑具有十分重要的現實意義。

近年來，我省大力推進以優秀吉林地域文化為主要內容的長白山文化建設，出臺了《長白山文化建設規劃綱要》，啟動實施了長白山文化建設工程，在長白山文化資源保護研究、挖掘整理、開發利用等方面做了大量工作，取得了顯著成績。我們要進一步加強長白山文化理論研究，豐富長白山文化內核和外延，進一步加強長白山文化遺產的發掘、保護和展示推介力度，擴大長白山文化的影響力，進一步加強對長白山文化內涵的拓展和提升，把長白山文化資源更好地轉化為文化產品、文化事業和文化產業，推動長白山文化建設躍上新臺階，推動吉林文化大發展大繁榮，為實現富民強省目標、中華民族偉大復興、中國夢做出貢獻。深入挖掘、研究、整理長白山歷史文化，既是一項宏大浩繁的系統工程，又是一項功在當代、利在千秋的基礎工程。希望有更多有識、有志之士投身長白山文化建設事業，讓這份寶貴的文化資源更好地服務於當代，惠澤於未來。

　　由省委宣傳部組織編撰的《長白山文化書庫》系列叢書，是長白山文化建設工程的重要標誌性成果。叢書從基礎研究、地方特色、主要藝術門類三部分，對長白山文化的歷史資源進行了全面細緻的挖掘和整理，堪稱長白山文化研究與普及的鴻篇巨製，不僅對研究和宣傳長白山文化大有裨益，而且對培育吉林文化品牌、樹立吉林文化形象也將產生積極的促進作用。在叢書即將付梓之際，謹表祝賀並向全體工作人員致以問候。

主編寄語

莊　嚴

　　長白奇迤蘊靈秀，松江悠長毓文傑。千百年來，雄渾壯美的白山松水賦予了肥沃豐饒的吉林大地以生機和活力，滋養了吉林人民勤勞睿智、堅韌進取、寬容開放的精神品格，積澱了多元融合、底蘊深厚、色彩斑斕的地域文化。這獨具魅力的吉林特色地域文化猶如一株馥郁芳香的花朵，在中華民族文化百花園中爭妍綻放。

　　文化是經濟發展之根，是社會發展之源。省委、省政府高度重視文化建設，制定出台了《長白山文化建設規劃綱要》，把吉林省歷史文化資源工程列入宣傳思想文化工作「六大工程」之一。省委宣傳部深入貫徹落實省委、省政府的要求，開展《長白山文化書庫》建設，啟動實施了《文化吉林》叢書編撰工作，將其作為全省宣傳思想文化工作的重要舉措，周密部署，精心組織，強力推進，取得了預期成果，為全省人民奉獻了一份珍貴的精神食糧。

　　《文化吉林》叢書是《長白山文化書庫》中全景展現特色地域文化的重要組成部分。年初以來，我省廣大宣傳文化工作者以對家鄉、對歷史、對文化事業的高度責任感和使命感，不畏繁難，勤勉執著，嚴謹認真，精益求精，在資料收集、遺產挖掘、書稿撰寫等方面付出了大量艱辛的努力，進行了許多開創性的探索和實踐，圓滿完成了這次編撰任務。叢書編撰秉承傳播和弘揚吉林文化的理念，梳理總結吉林文化資源，提煉昇華吉林文化精髓，激發增強吉林人的文化自覺、文化自信，使優秀文化更好地服務於吉林的發展振興。

《文化吉林》內涵豐富，圖文並茂，辭美情摯，引人入勝，是人們認識吉林、瞭解吉林、研究吉林的概覽長卷，是吉林文化走向全國，面向國際的真誠心聲。叢書真實勾勒了吉林文化歲月滄桑的歷史縱深，生動展現了吉林文化多姿多彩的時代律動，帶我們走進吉林地域文化演進的舞台，親身感受風雲激盪的文化事件，出類拔萃的文化人物，領略淵深源遠的文化景觀，妙趣橫生的文化傳說，體驗琳瑯紛呈的文化產品，淳樸濃郁的文化民俗。叢書將吉林文化的發展脈絡、現狀和未來，客觀詳盡地展現給廣大讀者，是一部能夠讀得進去、傳播開來、傳承下去的佳作精品。

　　鑒往以勵志，展卷當奮發。《文化吉林》這套融史料性、知識性、可讀性於一體的叢書，為我們進一步保護、研究、開發吉林地域特色文化提供了重要史料資源。作為後繼者，當代吉林人有責任、有義務肩負起將吉林文化充分融入社會主義核心價值觀，推動吉林文化發展進步的歷史使命，讓優秀傳統文化在繼承中創新，在創新中前行，在全國文化發展大格局中唱響吉林「聲音」，打造吉林文化品牌，樹立文化吉林形象。

目錄

第三章‧文化名人

第一章 ——

文化發展概述

　　一座城市宛如一首歌。四平，自古以來就是交通要衝，又是關東穀倉。從燕將秦開拓土遼東，到遼金以後各民族共同開發經營，四平的物質文化和精神文化日漸豐富。近現代以來，鐵路文明的潮流湧動，加快了四平城市化、工業化、商業化的進程。四平既是反抗日、俄帝國主義侵略的前沿，又是國共兩軍亮劍爭奪的戰場；既是遠近聞名的東北老工業基地、優質玉米之都，又是底蘊深厚的薩滿文化發祥地、二人轉之鄉。

四平市位於松遼平原腹地，處於北緯 42°31' 至 44°09'、東經 123°17' 至 125°49' 之間地帶，在吉林省西南部，市區南、東、北三面與梨樹縣毗鄰，西部與遼寧省昌圖縣為鄰。南距瀋陽 179 公里，北距長春 111 公里。東遼河繞北而西，匯西遼河於三江口。全市總面積 14323 平方公里，人口 341 萬。市區面積 741 平方公里，耕地面積 21 萬畝，多為旱田，土地肥沃，物產豐饒。市區現有人口 57.3 萬，有漢、朝、回、滿、蒙等 36 個民族，其中漢族占總人口的 90%以上。有街道 13 個，鎮 3 個，鄉 2 個，社區 76 個，村 54 個。

四平地處東北腹心地帶，公鐵交通發達，是哈大、平齊、四梅鐵路交會處，又有多條高速公路貫通市區，使之成為東北地區重要的交通樞紐城市。

四平市歷史悠久，遠在殷、周時代就有先民在這裡繁衍生息。四平之地秦屬遼東郡，兩漢、三國、西晉屬古扶餘國轄地，東晉至隋為高句麗占據。唐滅高句麗建渤海國，四平屬渤海扶餘府。遼滅渤海，廢其舊治重置州縣，四平初隸通州、後屬韓州。金滅遼，仍屬韓州。元統一，設遼陽行中書省，下轄七路一府，四平屬咸平府所轄。明屬奴兒干都司，清屬內蒙古哲里木盟，清末劃歸昌圖廳奉化縣。光緒二十三年（1897 年）中東鐵路南滿支線動工修築，始稱四平為「五站」，鐵路通車後始定名為「四平街站」。民國三年（1914 年）奉化縣改名梨樹縣，四平為梨樹二區轄地，屬遼寧省（奉天）。偽滿洲國於 1937 年設四平街市，1941 年設四平省，轄一市九縣，省政府設於四平。1946 年屬遼北省為省會。1948 年四平解放，建立四平市人民政府，隸屬於遼西省，1954 年遼西省撤銷，四平市劃歸吉林省。1958 年成立四平專區，設中共四平地委和專員公署，四平為地轄市。1983 年 8 月經國務院批准，四平行署撤銷，重組地級的四平市，實行以市帶縣行政體制，轄公主嶺、梨樹、伊通、雙遼縣（市）、鐵東區、鐵西區。

四平文化內涵豐厚。歷史上的濊貊、扶餘、高句麗、靺鞨、契丹、女真、蒙古族、滿族、漢族，都曾在四平土地上勞動和生活，在這裡留下自己的文化遺跡。上溯至新石器時代，四平的先民已在這裡開始了生產和生活。他們遺留

下了手製陶器、石器、石棺墓等，他們向陽築室、穴地而居的住所格式，他們蓄養家畜、種植漁獵的生產生活方式，都證明那是處於物質條件落後、文明程度有限的較為原始的生存狀態。戰國末期，燕將秦開擴土開疆、卻胡千里，始有二龍湖古城之設，今日四平的文脈，應從二千三百年前記起。迭經兩漢、三國、兩晉、唐宋遼金元及明清兩代，一面城雖泯，痕跡猶存；葉赫部雖滅，廢城猶在；柳條邊雖消，綠滿山川。從遼金到現代，以農耕為主的經濟模式，以薩滿為主的文化模式，以民族融合為主的生存模式，一直在四平地域起著主導作用。尤應看到，近現代以來，四平人民雖飽受俄、日兩帝國主義的侵略和壓榨，但他們有強烈的民族意識和反抗精神，並開展了不屈不撓的鬥爭。一九三一年的「恥鐘」至今仍在鳴響，「攻打四平」的戰歌至今仍在英雄城上空縈繞。四平是一座英雄的城市，它因「四戰四平」而聞名中外，被史學家譽為「東方馬德里」；四平是一座成熟的工業城市，建國後中國第一台聯合收割機在這裡誕生，中國第一輛四平客車從這裡駛出，中國第一台專用車在這裡下線；四平是一座交通樞紐城，京哈、平齊、四梅等四條鐵路在這裡交會，四平火車站是全國十八大編組站之一，哈大高鐵客運專線的通車使四平又一次成為關東高鐵樞紐，四平機場建設工程已啟動；四平是一座北國糧倉城，地處世界第二大黃金玉米帶，素有「東北糧倉」的美譽，最近又榮登「優質玉米之都」的國榜；四平是一座多元文化城，是古往今來多民族文化的融合體，二人轉文化、薩滿文化、詩詞文化、紅色文化形成了豐厚的文化內涵和精神動力；四平是一座生態宜居城，四季分明、氣候宜人、環境優美、山清水秀、生態宜居，「綠色環境，生態家園」「宜居城市、長沈後花園」成為嶄新理念和發展空間。源遠流長的歷史，珍貴的文化古蹟，秀美雄奇的景觀，繽紛多彩的現代城市文明，形成了對四平文化自豪和文化自信的有力支撐。文化吉林、文化四平，擁有不竭的內生動力。

二龍湖考古印證了二三〇〇年的建城史

二龍湖古城位於四平市鐵東區二龍山水庫大壩南端的山岡上、二龍湖西岸一條南北走向的崗埠北端。古城平面近方形，城垣土築，周長七八〇米，方向南偏西三十度。城牆寬十八米，殘高二至四米，南牆偏西闢一錯口形甕門。城內地勢西高東低，中部正對城門處一夯土台基保存尚好。

二龍湖古城是一九八三年全國第二次文物普查時，由省、地、縣聯合考古隊發現的，當時條件下認為是遼金至明清的一處城址，而未給予特別的重視。四年後，由於基礎建設施工等原因，由吉林大學朱永剛、四平市博物館趙殿坤對二龍湖遺址進行考古試掘，認定為戰國至漢時期遺存。

經國家文物局批准，吉林省文物考古研究所和四平市文物管理委員會辦公室，自二〇〇二年七月二十日至十月二十日，歷時三個月，對二龍湖古城遺址進行了大規模主動發掘，面積三四八〇平方米，發掘了圓角方形和圓角長方形淺穴式房址十六座，灰坑七個，排水溝三條，出土石器、銅器、鐵器、陶器、骨器、玉器、玻璃器等各類文物八百餘件。其中燕國刀幣、饕餮紋銅帶鉤、琵琶形銅帶鉤、三翼銎孔銅鏃、三棱鐵鋌銅鏃、長方形銎孔鐵钁、內戈式鐵鐮、半月形鐵掐刀、方銎鐵鎬、雲紋瓦當、弦紋瓦當、繩紋板瓦、筒瓦及圜底釜、折肩甕、長孔甑、折腹缽、柱把豆、梭形網墜、蒜頭形紋輪等器物均為戰國至漢初的典型器物，城內的房屋遺址都是東西向，順著城牆整齊排列，靠近城牆有排水溝。個別房屋的居住面上，至今保留著較多的生活用品、生產工具，其中有兵器、馬器，甚至發掘出許多女人用的六邊形色棒。房址中，發現了屋內高高凸起的長方形灶台，灶台在屋內一側，附近均有一個折肩甕。灶台上均有三個紅燒土圈，其前二個為釜孔，即蒸煮用的灶，第三個孔是煙道孔。當時的居民將炊煮用具放在二個釜孔裡，然後在灶下燒火，使二個釜孔先後受熱，煙由第三個孔排出。灶台以廢棄的陶釜為灶門，以平整的頁岩板砌灶台，以陶管做煙筒。這種有釜孔的長方形灶台，其形制與遼陽漢墓出土的陶灶相似。城內

的房屋也與燕下都人使用的房屋相似，四周都有深深的柱洞。出土的一個較大的房間遺址內不僅四周有柱洞，房子的中間也有兩個，是隔離房屋用的間柱，可見當時人的房屋開始出現「套間」。

城內出土的文物內戈式鐵鐮，形制與河北省興隆縣戰國遺址出土的雙鐮相同，其中一件內戈式鐵鐮上有燕國銘文「右止」二字。饕餮紋銅帶鉤在吉林省也是首次發現。出土的四十三枚三翼有銎式銅鏃是春秋戰國時期我國北方地區廣為流行的一種銅鏃形式。這些文物足以證明當時占據東北的燕國的文化分布範圍已達到這一地區。

考古工作者主要以發掘出土的實物推斷二龍湖古城的性質、年代。古城城牆由黃土夾砂石堆砌而成，殘高一至五米，寬十二至十五米。南城牆中部保有城門缺口。出土遺物有戰國時的鐵鑊、鐵製馬器、銅箭頭、陶釜、陶罐、陶樽、豆等物，還有繩紋板瓦、陶瓦。陶器的特點有明顯的戰國時期燕文化風格特徵，為研究當時燕文化與東北地區的密切關係提供了重要材料，尤其對四平地區城市發展史提供了可靠的依據，這是迄今所知（北緯 43°）地區受燕文化影響最北的古城遺址。

戰國時期，燕昭王致力中興，為穩住相鄰的東胡，將大將秦開送往胡地充作人質達二十年。秦開久居胡地，得其虛實。燕經二十年的準備，致「燕國殷富，士卒樂佚輕戰」。此後燕王召回秦開並以其為將，攻伐東胡，使東胡退卻千里，燕勢抵達今遼河中下游地區。將今遼東、遼西廣大區域全部納入燕國版圖。為實施有效的管理，燕在今遼寧地區設右北平、遼西、遼東郡。西元前二二六年，秦國以追捕策劃荊軻行刺秦王的燕太子丹為名攻伐燕國，「拔遼東，擄燕王喜，卒滅燕」，最終統一了中國。秦在遼東地區承襲燕制，設置仍沿舊名。漢初，自燕置遼東郡始，至漢武帝辟朝鮮，在東北及朝鮮半島置遼東、遼西、右北平、玄菟、樂浪、真番、臨屯、滄海八郡，在郡之下還有諸多縣置，四平地區屬遼東後屬玄菟。

葉赫與後金的興亡博弈

葉赫是滿族重要的發祥地和祖居地之一，是清朝開國皇帝皇太極生母孝慈高皇后的出生地和清末慈禧皇太后、隆裕皇太后的祖籍地，素有「皇后故里，鳳起之鄉」之譽。除了顯赫的孝慈、慈禧、隆裕，尚有二十九位清代嬪妃，出自葉赫族系。葉赫至今已發現二四二處歷史遺跡，其中的葉赫東西二城、商監府城是國家重點文物保護單位。

▲ 二龍湖古城遺址

葉赫部的興起

滿族是一個有著四千多年歷史的古老民族，祖先為我國東北地區最早見於文獻的肅慎人，亦稱息慎。《山海經・大荒經》：「大荒之中有山，名曰不咸，有肅慎氏之國。」《紀年竹書・五帝紀》：「帝舜有虞氏二十五年，息慎氏朝，貢弓矢。」此後肅慎與中原夏商周各朝的往來從未間斷。肅慎人的弓箭，在各諸侯國中享有盛名。

長白山下的秀美山川是滿族的發祥地。傳說中的佛古倫吞仙果，產下男孩布庫里雍順，編織了一個滿族王朝神授天助的故事。在努爾哈赤於一六一六年定國號為大金（史稱後金）之前，他的部落名曰「建州」。建州早就開始了與滿族另一分支──葉赫部落的博弈。

在建州女真崛起的同時，葉赫部也發展到全盛時期。從一四〇六年葉赫始祖星根達爾漢建立部落起，經過幾代族姓的擴張，到十六世紀中葉，清佳努、

楊吉努建立葉赫東城、西城，葉赫部在與哈達部連橫中迅速強大起來，並與建州女真不斷地發生恩怨糾葛和摩擦。

努爾哈赤滅葉赫

明萬曆二十一年（1593 年），女真中最強大的兩股勢力葉赫與建州終於拉開戰幕。

▲ 位於四平市鐵東區葉赫滿族鎮的葉赫那拉城

此時的努爾哈赤，已是明神宗冊封的龍虎將軍、建州衛都督，雄心勃勃，一心兼併諸部，劃地稱王。葉赫則聯合了哈達、烏拉、輝發、朱舍里、訥殷、科爾沁、錫伯、窩爾察共九部聯軍兩萬人，向努爾哈赤所在的赫圖阿拉進攻，雙方交戰於渾河上游的古勒山，戰爭的結果是九姓之兵慘敗，葉赫首領布寨被殺，烏拉部首領布占泰被擒。至此行將全軍覆滅之際，葉赫首領納林布祿遣使向努爾哈赤求和，彼此往來商議，約定和親，答應將納林布祿的侄女布喜雅馬拉許給努爾哈赤為妃，雙方暫時息戰。

萬曆四十四年（1616年），努爾哈赤拋開了明朝的冊封，在赫圖阿拉稱帝，築造宮殿，建立年號，稱為天命元年，努爾哈赤史稱太祖，實即後金國主。天命三年，努爾哈赤攻明，在撫順薩爾滸一役，大獲全勝；旋率得勝之師，乘勢一舉滅了葉赫。

鄉土文化的塑造與傳播

▲ 孝慈高皇后（孟古）畫像

四平地區歷史上就是多民族聚居之地。清嘉慶以後，來自晉冀魯豫各地的農民紛紛湧入土地肥沃、物產豐饒的四平地域，使這一帶生齒日繁，人口劇增，文化生活需要隨之增加。四平地域於三五〇年前即已出現演出場所。康熙初年，文人楊賓前往黑龍江寧古塔探親，將中途見聞寫成著名的《柳邊紀略》一書，有《葉赫行》三十六句古風一首，其中「臂鷹走馬刷煙崗，醉臥征歌瓦子堂」二句引人注意。「瓦子堂」，又名「瓦子」「瓦舍」，為宋元以來城市娛樂場所集中的地方，有表演雜劇、曲藝、雜技的「勾欄」之設。楊賓的詩實證了葉赫在滅亡六十餘年後，漸有人煙，也有了歌舞、說唱等活動。康熙五十年（1711年），伊巴丹戲樓建成，它雖在「大御道」上，但演出活動不可能不向四週波及。九十年後的嘉慶初年，懷德縣一帶便有了蹦蹦戲。在關內流民聚居的八家子、秦家屯，每逢年節便有蹦蹦藝人三兩為伴，走村串戶演唱賣藝。道光二年（1822年）八家子修起老爺廟，年年的廟會上都有蹦蹦藝人演唱。梨樹縣的蹦蹦活動比懷德還早，大約出現在乾隆中期。與此同時，民間單鼓、皮影戲、東北大鼓、子弟書等文藝形式，也在四平地方蔓延開來。

豐富多彩的多民族文化

在四平這塊土地上，人們烀苞米、打飯包的飲食風俗，拜狐仙、跳神鼓的神祕活動，二人轉、大秧歌的歡天喜地，都在用一種民族特色的文化手段，傳塑著自由狂放的文化個性。四平土地上現在生活著五十多個民族。幾千年來，有著眾多的民族在這塊土地上生息繁衍。在這些民族當中，漢族是個主體性民族。在不斷的人口遷移中，各民族交流融合，造就了多姿多彩的文化藝術和風情民俗。

▲ 統治中國 48 年的慈禧皇太后

漢族文化

漢族人先後來到東北各地，不僅帶來中原的物質文化，還帶來了精神文化，主要形式有：神話、傳說、故事、歌謠、諺語、謎語、詩詞、對聯、數來寶、蓮花落、什不閑、獅子舞、大頭舞、高蹺、木偶戲、評書、相聲，以及東北吹打樂、東北大鼓、蹦蹦、皮影、大秧歌等。這些形式都有自己的藝術個性，同時也不僅僅是漢民族喜歡，已然成了東北各民族所共有的精神財富。

▲ 廟會上蹦蹦藝人演唱

滿族文化

滿族有著悠久的歷史，女真族是滿族的直系祖先，滿族精於騎射，也重視

▲ 皮影戲舊照

農業生產。信仰薩滿教，重視與其他民族的交往。四平是滿族發祥地之一，伊通滿族自治縣、葉赫滿族鎮至今有很多特色民族文藝形式，如神話、傳說、故事、瑪琥戲、單鼓詞（旗香）、聯廂詞、八角鼓、拉空吉（喜歌）、蟒式舞和子弟書等。

蒙古族文化

蒙古族自古以來就生息在北方的大草原上，是「蒙兀室韋」的後裔。四平西部草原一帶的蒙古族鄉鎮，傳承了多種蒙古族文化元素。其民間文藝樣式有：神話、故事、史詩、敘事詩、讚詞、婚禮歌、好來寶、烏力格爾、蒙古道情、蒙古舞、蒙古戲等。

朝鮮族文化

朝鮮族有悠久的民族文化傳統，能歌善舞，喜愛體育活動。四平有朝鮮族藝術館，開展多項民族文藝活動，如朝鮮族歌謠、諺語、盤素力（說唱）、迦耶琴彈唱、農樂舞、長鼓舞、象帽舞等。

回族文化

四平很早就有回族與漢族雜居。從四平回族的文藝形式看，主要有神話、花兒（民歌）、民間歌舞及宴席曲等。

鐵路文明與商埠文化

鐵路的修築打造了近現代四平的雛形。十九世紀末葉，中東鐵路的修建，對近現代四平的建設和發展起到了推動作用，使四平城市化的速度加快。

一八九七年，俄國華俄道勝銀行的官員倭高格伊林思齊，帶領大小官員三十餘人，沿著預定的南滿鐵路樞紐寬城子（長春）南下，每隔三十公里就鑿下一個木樁，到了現四平所在地（奉化縣新恩社）就是第五站，所以四平最早的名字叫「五站」。

一八九八年沙俄動工修築的東清鐵路南滿支線穿越四平。一九〇〇年修建火車站，從此四平進入鐵路經濟圈，四平也開始孕育鐵路文化與商埠文化。

一九〇二年，沙俄在四平站前開闢一、二、三馬路街基，作為租界地，最初僅有來四平做生意的二三十戶人家。當時最熱鬧的地方是站前的轆轆把街，即今天的三角花園一帶。在這條街上，通往蘭家河（南河）口的路上蓋起了一些房舍，相繼開起了飯館、旅店、酒店、茶館、食雜小鋪，較有名氣的有陳家館子、吳家館子等。在這條街上還有一處花店，經營梅、蘭、竹、菊、芍藥等品種，城市文化的氣息，在此油然而

▲ 伊巴丹戲樓（圖樣）

生。沙俄還在站前二馬路南端，設置了警察派出所進行統治和管理。

在沙俄的侵略性經營下，掠奪資源勢在必然。一列列火車從四平出發，將糧食、物產運到旅順，再轉船運往遙遠的西伯利亞。此時，因「三國干涉還遼」而「臥薪嘗膽十年」的日本再也按捺不住，於一九〇四年初發動了對俄國的戰爭，南起旅順，北至四平，東到日本海，雙方投入上百萬兵力，龐大的艦隊，上萬門火炮，展開了激烈的水陸廝殺，並殃及四平。一九〇五年八月沙俄軍隊被日本人追趕到四平街的時候，知道自己大勢已去，遂放棄了抵抗。沙俄戰敗，十月三十日，雙方軍事代表在四平火車站簽訂了《日俄兩軍撤兵手續及鐵道線路引渡協定》。一九〇六年五月，沙俄駐四平守備軍最後一列軍車撤離，日本獨立守備大隊當晚便住進了沙俄的兵營。如今四平馬車房子附近，還部分保留著沙俄兵營的房舍建築。

一九〇六年六月七日，日本政府決定成立南滿鐵路股份公司。隨著「滿鐵公主嶺地方事務所四平街出張所」的成立，「滿鐵」正式開始對四平的掠奪開發與殖民經營。「滿鐵」是什麼？它的性質是「假公司之名行機關之實，代替日本政府經營南滿洲」。這是日本法學家岡松參太郎對「滿鐵」性質的認定。

借「滿鐵」的經營實力，實施了具有殖民色彩的四平城市建設。但四平在清代屬奉化縣新恩社，一九一四年以後屬梨樹縣第二區，故「滿鐵」初期的建設都侷限在日本附屬地內。一九一六年中國修建四平至鄭家屯鐵路，設四鄭鐵路局，占用了一部分滿鐵附屬地，日本借土地置換之機，將附屬地擴展到道裡十道街。四洮鐵路局占地十二萬平方米，而滿鐵附屬地占地五百多萬平方米，占絕對多數。

▲ 梨樹縣四平街市紀念碑

一九二一年梨樹縣知事尹壽松經張作霖批准，在道東一馬路以東開闢街市至八馬路，四平的街區部分框架基本形成。

四平東南連接長白山餘脈，其他三面均為松遼平原，周圍多黑土地，土質肥沃，盛產玉米、高粱、大豆、穀子等，是世界知名的黃金玉米帶。加上「九省通衢」交通樞紐的便利，各地農產品集中於此容易運出，故四平的糧食交易十分繁盛。到九一八事變前，中日在四平的大小糧商共計三十多戶，其中有日本三井投資、小白藤田開設、島村喜久馬日常經營的三泰棧、日清棧等糧棧。中國糧商有曹國勳開設的玉成隆，劉光烈開設的義順亭，王晉卿開設的富盛長，李九如在轆轤把街開設的同義合，盧仲華在道東二馬路開設的乾元恆，李芝園開設的同生和，曲某某開設的巨生和，劉蔭民在中央通開設的人和長，霍俊發在北三條開設的巨興和，趙翰臣在北四條開設的義和順等糧棧。四平的糧食交易輻射遼遠，南至西安（遼源）、東豐、海龍，西至昌圖，北至雙遼、雙山、梨樹等地的大批糧食均集中於此。

依託資源，四平的糧食加工業、釀造業和其他手工業隨之興起。1910 年孫佳林等人創辦的德昌府燒鍋開業生產。1923 年趙仲良、賈佐番開辦的泰和益燒鍋在道東二馬路生產白酒，年產量 175 噸。玉成隆油坊年產豆油 98 萬斤，有 70 名工人。由於糧食貿易發達，旺季大車雲集，催生了皮鋪生意。到 1931 年，四平已有皮鋪 31 家，主要生產馬車皮活、皮鞭鞭梢、鞭桿等。年加工牛馬皮 1.5 萬張。當時四平還有服裝店 30 多家，年產服裝萬件以上。1923 年四平大興鞋店、榮立生鞋店開張，製作皮鞋、布鞋。1924 年畢洪友、苗華廷先後創辦了洪華皮鞋店、華軍皮鞋店。到 1931 年，鞋店已發展到 15 戶，全部手工操作，年產量 5000 雙。木器製造業，1909 年只有元盛公木鋪一家，後來又成立了榮茂林、德興茂、文興茂、同發木等木鋪，總資本 1.5 萬銀元，年產木器 3000 件。窯業，1921 年附屬地西南端的松茂煉瓦廠有職工 1960 人，年製瓦 125 萬片。亞細亞株式會社泉頭工廠有職工 1909 人，年製土管 1.2 萬個。1918 年開設曹達工廠，生產純鹼。1920 年開設滿蒙曹達會社，生產蘇達。1922 年在道東二馬路成立三順紅蠟廠。

1921 年梨樹縣知事尹壽松在道東一馬路以東開闢新市場，實行三年內免

稅的優惠政策，工商戶遷入日益增多，糧谷加工、釀造業興旺，有泰和益燒鍋、天增長油房、大豐醬園、大順醬園、萬順醬菜、利亨香油坊、豐利鐵工廠及鐵匠鋪、木匠鋪、染坊、成衣鋪、針織工廠等數百家，與道裡日系工業相抗衡。

風氣日開，文明漸進，文化開始融入城市生活。作為鐵路文明、商埠文化的一個像徵，文化經營也開始凸顯。印刷業，1914 年日本人在道裡南三條開辦印刷活版所，在南四條開辦山櫻社。1915 年 7 月孟繼武開辦志文印刷局。高輔臣開辦雙盛印刷局，開始皆為石版印刷，主要印製辦公用籤、商號賬簿、婚喪宴請的請帖及名片等。圖書經銷業者多數兼營文具紙張，時有景記書局、豐記印刷局、自治印刷局、田中書店（日系）、近江屋書店（日系）等十餘家。

二十世紀初由於京、評、梆子等藝術風行於東北，故四平地區演藝活動勃興，演藝場所相繼建成。富士茶園，1910 年建於四平鐵西四馬路，是四平歷史上最早的娛樂場所，可容觀眾近千人。二層樓樓上三面包廂，樓內設有茶爐、二櫃。1924 年河北梆子演員小香水曾來此演出《三娘教子》，京劇老生張文清、齊學敏曾來此演出《跑城》《追韓信》等。四平百姓中有順口溜：「富士茶園四角四方，看戲的老爺坐在中央，打手巾把的一來一往，碰的茶壺茶碗叮叮噹噹。」該劇場九一八事變後因樓房坍塌而拆除。

1926 年由懷德縣知事褚鎮出資，在四平街東市場內修建了「四平大舞台」，常有各地京、梆戲班來此演出。同一時期稍後，由東北軍旅長闞朝山出資，在道東南市場建成「大觀茶園」。茶園為木板樓，樓上兩側有包廂，樓下有茶爐、二櫃（賣店）。闞為東家，先交馬成久經營，後轉讓藝人韓玉舫，1931 年冬韓轉讓於王業清（外號「窮王」）。由於王業清經營不善，管理無方，難以應付四十餘人開支消費，經常不給工錢，後來債台高築，討債盈門，遂得了個「窮王」的外號。不過「窮王」演出活動不少，還經常邀請南北名角如京戲紅峰白玉崑、青衣李丹林、花林會、呂慧君、唐雲生，旦角吳繹秋，老生李金培、田子文、白家麟等，評劇名伶劉翠霞、筱麻紅，梆子演員小香水、金剛

鑽等到此演出《借東風》《走麥城》《王寶釧》《珍珠衫》《桃花庵》《寶蓮燈》等，月工資三百元的有白甲林、小相月樵、白雲峰等。九一八事變後日偽統治四平，大觀茶園受軍警控制，舉步維艱。戲園子後排設有「臨監室」包廂，為軍、警、憲、特實行監管專用，這些人既監管又鬧事，抓人打人時常發生，攪得「窮王」無法經營。

電影作為集多種藝術之大成的綜合藝術，其進入四平地域當在二十世紀二〇年代中期，最先開始電影放映的地方當是鐵路幹線要衝的城市公主嶺和四平。電影蒙太奇手法的運用，逼真的視覺藝術衝擊，很快在人們心中占據了主流藝術地位。但二〇年代

▲ 大觀茶園舊照（1926 年）

公主嶺、四平所能看到的影片都是黑白無聲電影，情節片有《姐妹花》《百寶圖》《虎嘯飛人》等，被查禁的電影有《閻瑞生謀殺案》《張秋生謀產案》。電影院運營有較嚴格的管理規則，開設需有擔保人、保證金，影院建築事先要呈送設計圖審批，影院內包廂需男女分設，不許有危險物品入內，每天放映片目需填報備案，並向警方繳納治安維持費。

1928 年以後有聲電影出現，使電影大眾化、商品化價值趨於完善。但電影這種新潮的藝術形式，很快被運用於政治目的並納入統治當局文藝監控視野。1929 年 6 月由上海大華影片公司攝製的影片《總理奉安》就是經過省政府兩次審查才准予公映的。1933 年偽滿洲國文教部組織電影巡迴放映隊與講演班，赴范家屯、公主嶺、懷德等地放映電影，宣傳「王道樂土」理論。

1937 年 8 月「滿洲映畫協會」成立後，電影被當作日偽當局「國策」文藝形式。1942 年，「滿映」組織的巡迴電影放映隊走遍四平、安東、錦州等 19 個省、138 個縣、276 個活動點，面對學生、居民放映電影。在當局重視

下，四平境內電影院激增，日資影院有四平的公會堂（負責人松原清治）、四平劇場（負責人池田耕）、公主嶺公會堂（負責人松原清治）；中資影院有四平中央電影院（負責人陳蘭泉）、公主嶺寶光電影院（負責人徐竹秋）；「滿洲電影總社直營館」有四平電影院（負責人田浦貞司）、公主嶺電影院（負責人高橋孝記）等。

清朝末年在全國建立公共圖書館的潮流中，四平地區也有了圖書館的雛形——縣立閱報所。懷德、奉化、伊通州、遼源州等地均在辛亥革命前後設立了閱報所，其後十餘年間各地相繼增設萬有文庫、巡行閱報所，藉以傳播知識、啟迪民智、提振文明開化的風氣。直到新中國成立前，儘管時局頻繁變化，各公共閱讀機構一直存在。

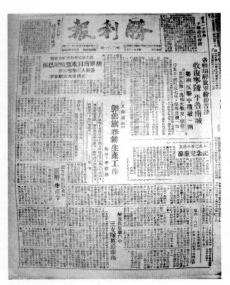

▲ 中共遼西省委主辦的「勝利報」（1946 年）

1916 年 10 月，由商行創建四平街圖書館閱覽場，坐落在中央緯路、南二馬路交會處。翌年改稱簡易圖書館。其中一半被消防隊占用做倉庫，使用面積小，難以開展閱覽。1920 年 7 月該館接管站前樓舍，1922 年 6 月改稱四平街圖書館，藏書 6000 冊。1933 年 8 月遷至南大街滿鐵社員俱樂部一側，直至光復。1936 年藏書 11485 冊，年接待讀者 38927 人次，館內閱覽人次占三分之二，外借較少。

四平解放初期的文化發展

革命進步文藝在四平的興起。抗戰勝利後的 1945 年 10 月初，根據中共中央「建立鞏固的東北根據地」的指示，中共中央東北局派李海濤、顧卓新、栗

又文、倪志亮等來四平，組建遼北省工委和遼北軍區。旋即，遼北省工委派魏兆麟、郭威、朱國平等十六人接管四平市，成立四平市工作委員會，並成立四平市民主政府。一九四六年二月，遼北省撤銷，四平、梨樹、懷德、遼源、雙山等九市縣統歸遼西二地委管轄。在此後的三年解放戰爭和解放後百廢待興的日子裡，中共各級黨組織帶領人民群眾開展了有聲有色、富有成效的文化工作，對戰爭勝利、經濟恢復和政權鞏固發揮了重要作用。

最先拿起革命進步文藝武器的，是著名報人、黨的地下工作者于樹中。一九四五年抗戰勝利後，蘇聯軍隊進駐四平，于樹中和肖白門等同志組織成立了「中蘇友好協會」，辦報紙，搞演出，放映蘇聯電影。在中共主力未到四平之前，這些文藝宣傳工作傳遞的正能量是不可低估的。

一九四六年三月五日，中共西滿分局、遼西省委在雙遼召開文化工作座談會，東北籍作家梁丁山、蔡天心介紹了東北的抗戰文化情況，吳時韻介紹了延安的評劇、秧歌劇的創作演出收穫。隨即，成立了遼西文化協會，出版文學刊物《草原》。同一時期，遼西省委主辦的《勝利報》出版，並辟有《曙光》文藝副刊，作家劉白羽、舒群、白朗、江帆、謝挺宇，袁犀、梁丁山、嚴文井、蔡天心等均在該刊發表過作品。

與此同時，進步的演藝活動在四平、雙遼、梨樹興起，東北民主聯軍十旅文工團、西滿文工團、解放軍七縱京劇團、鴨綠江文工團、東北文工團、吉林軍區文工團、鋼鐵京劇團等均在各地開展演出宣傳。各地蹦蹦藝人也被民主政府組織起來，在街頭演出或在對敵鬥爭前沿開展宣傳鼓動，促進徵兵、反霸、土改、支前等工作打開新局面。

為了有秩序地開展文化工作，周邊各縣及四平市均在一九四七年至一九四九年恢復組建民眾教育館，開展文藝、美術活動及讀書閱報、代寫書信、時事廣播等文化便民服務工作。

建國初期四平文化建設有聲有色。解放後四平市文化事業穩步發展，文化機構相繼建立完善。在建國初期國民經濟恢復重建，各項建設任務繁重的形勢

下，四平市黨委和人民政府關注群眾的文化需求，想方設法發展文化事業，投入經費，引進人才，致力於發展群眾文化、舞台藝術、民間藝術、電影、新華書店等各項事業，為四平文化事業日後的發展繁榮打下了基礎。

引進人才，加大投入，促進了四平傳統藝術舞台的繁榮。當時的四平市評劇團就是市政府派人接管的「窮王班」，改制變成地方國營劇團後，因缺少好的劇目，更因為缺少名角，劇團入不敷出。一九五二年秋著名評劇大師筱桂花加入劇團，帶來了生機活力。大家認為，在此種情況下，要改變劇團現狀，只有一條路，就是演戲、演好戲。該團相繼推出傳統評劇《孟姜女》《小老媽開嗙》《人面桃花》《孔雀東南飛》《碧玉簪》《乾坤福壽鏡》《紅娘》《玉堂春》《花為媒》《桃花庵》《珍珠福》《杜十娘》等，並排演了新編古裝神話故事劇《張羽煮海》。

順應演新唱新的潮流，排演了現代戲《小女婿》《小二黑結婚》《柳樹井》《羅漢錢》等。其中《柳樹井》演出效果最好，在四平、長春、吉林等地受到廣大觀眾熱捧，保留上演多年。

▲ 1953 年筱桂花主演評劇「柳樹井」

加強對民間藝術的扶持，傳承了文化，順應了民意，滿足了群眾需求。市人民政府在解放之初，就指派文化館接納了舊社會的蹦蹦藝人，組織他們學時事學文化，接受演出業務培訓，使新式二人轉納入黨的文藝政策的軌道。一九五一年五月中央人民政府政務院發出「改戲、戲制、改人」的戲改指示，各市、縣二人轉隊在組建伊始，就端正了方向，整頓了隊伍，學演了一批配合形勢的新戲。四平市地方戲隊是一九五二年二月正式組建的。對於從業多年的書曲藝人，也採取扶持政策，組織他們有秩序地在各茶社開展演出活動，李桐森、張臨富、張青山、尚殿守、魏春豔、門

祥榮等書曲藝人分布在盧家茶社、丁家茶館、合營茶館、三友茶社、站前茶社說書賣藝，既方便了過往遊客和街巷居民前來欣賞書曲，又開展一些時事政策宣傳，所以很受歡迎。

「三面紅旗」推動了四平文化的躍進。1958 年 7 月 1 日，中共四平市委決定創建《四平報》。7 月 16 日，中共四平市委向基層黨組織發出《1958-1962 年四平市文教工作規劃綱要》。確定文化方面要提高文化館，建立圖書館、綜合性展覽館，鄉、社、街道、工廠、機關、學校有俱樂部，生產隊、車間、工段有文化活動室。1959 年開始編寫地方志。8 月 20 日，市政府舉辦技術革新、文化革命成果檢閱大會，又稱「大躍進展覽」，5 萬多人參加開幕式，展期兩個月。

1958 年 9 月 23 日，時任中共中央總書記、國務院副總理鄧小平在李富春、李雪峰、劉瀾濤、楊尚昆、蔡暢、趙爾陸等中央領導和中共吉林省委第一書記吳德陪同下到四平視察。鄧小平在聽匯報和視察中指示：「四平這個城市不大，人口也不多，要把四平辦成一個文化城市、勞動城市，將來變成一個美麗的花園城市。」

1958 年 10 月 20 日，中共吉林省委決定撤銷公主嶺地委、專署，新組建的四平地委、專員公署駐四平市，地、市聯動迎來「高舉三面紅旗」和「大躍進」的高潮，聲勢浩大，各行各業都在「躍進」。文化革命、文化躍進也是地、市兩級黨委、政府極力推動的。

▲ 1958 年 9 月鄧小平

1958 年，鑒於四平市沒有公共圖書館的情況，市人民政府籌集資金 6 萬元，在市評劇團南側修建房舍 700 平方米，成立四平市圖書館，移入原文化館所藏圖書 13984 冊，初期工作人員僅 7 名，設有兒童閱覽室。該館與 1956 年

建成的遼源市圖書館、懷德縣圖書館成為當時四平地區僅有的 3 個公共圖書館。同一時期成立的還有四平市展覽館，1961 年易名為四平市博物館。1959年 5 月，四平市人民藝術劇院成立，這是在地委、專署領導直接關懷下，由各藝術團體聯合形成的藝術機構。劇院下設評劇團、京劇團、話劇團、歌舞團、曲藝團、藝術工廠和後勤總部。

改革開放後四平文化的繁榮發展

　　1977 年以後，四平文化邁出了恢復發展建設的堅實腳步；「發展、建設、繁榮」成為改革開放後四平文化的主題。

　　文藝人才的回歸和重組成為「文革」後文化隊伍建設的一大亮點。經平反冤假錯案把筱桂花、王彩雲、劉乃玲、劉小霞、遲景芳、張小樓、鳳鳴蓮、唐淑蘭、董孝芳、王淑琴、李桂芝、郭玉琴等上百名各類人才請回工作崗位，落實各方面政策，讓他們煥發藝術青春，重新投入工作。

　　同時，建立健全各級各類文化機構，配齊文化設施，為改革開放後 30 年的文化發展打下了基礎。1980 年四平地區人民劇場率先建成，成為集放映、演劇、會議多種功能於一體的大型場館。摒棄「文革」中的單一「樣板戲」格局和「文工團」體制，恢復傳統戲曲藝術，並建立幾個吉劇專業團，推出《桃

▲ 1979 年年省市領導接見地區吉劇團「桃李梅」劇組全體演員

李梅》《入黨之前》《江姐》等二十幾個劇目，在遼、吉兩省演出。

一九八三年地市合併，文化事業單位統一建制，規範管理，強化職能。四平市直先後有話劇團、評劇團、吉劇團、戲曲劇團、電影公司、新華書店、群眾藝術館、圖書館、博物館、朝鮮族藝術館、人民劇場、藝術劇場、道裡電影院、道東電影院、紅旗電影院、平東電影院、文化藝術進修學校、戲劇創作室、藝術研究室、文物管理辦公室、演出公司、文化市場管理辦公室、局就業服務處、市直文化系統離退休人員活動站二十四家單位，工作職能涵蓋了文化藝術領域所有門類。

▲ 吉劇「江姐」主演遲景英

▲ 小吉劇「入黨之前」參加省吉劇第一屆會演獲一等獎

發揮省、市、縣共同推動文化建設的積極性，相繼完成了梨樹縣文化館、梨樹縣圖書館、公主嶺市圖書館、伊通縣文化館、伊通縣圖書館、雙遼縣文化館、雙遼縣圖書館、四平市圖書館、四平市博物館、四平市群眾藝術館、四平市朝鮮族藝術館、公主嶺市文化館、鄭家屯博物館等公共文化設施建設，改造、更新了一批電影院、影劇院。與此同時傾力打造農村文化陣地，加強鄉鎮文化站、文化中心、村屯俱樂部和文化室建設。一九八四年全省農村文化站經驗交流會在梨樹縣舉行後，全市達到了鄉鄉有文化站、有場地設備、有專職人員的目標，健全而有活力的三級文化網基本形成，較好地滿足了城鄉群眾多層次的文化需求。

人民劇場及二人轉演藝大舞台

人民劇場位於四平市中央西路十一道街。一九七七年動工修建，一九八〇年八月竣工使用。總面積三〇五六平方米，三層樓房，座席一〇五六個，是影劇兩用的現代化劇場。開業後每年接待各省、市演出團體及國外團體前來演

出。同時，人民劇場也是四平主要會議場所。

2007 年 3 月 17 日，人民劇場二人轉演藝大舞台誕生。以「弘揚民族藝術、打造綠色草根文化」為宗旨，廣邀全國各地二人轉演藝團體、音樂舞蹈團體和知名藝人前來大舞台，為四平人民獻上精彩紛呈的文藝節目，豐富了四平人民的精神文化生活。

▲ 二人轉演藝大舞台開業盛典

▲ 二人轉大舞台售票處

▲ 新道裡電影院休息大廳

道裡電影院

四平道裡電影院前身是 1934 年建立的「公會堂」，1952 年改建成道裡電影院。初期建築面積 750 平方米，分為樓上樓下兩層。1981 年全面維修，1985 年再次維修，1991 年火災後重建，設立大、中、小電影廳 4 個，引進先進放映設備，聲、光效果達國內一流水平。2001 年起原址翻建，2005 年 8 月建成現代化影院綜合大樓，地處繁華的仁興商業步行街，廣納八方觀眾，打造文明窗口，成為全省第一家三星級電影院。2007 年改制，更名為「新道裡電影院」。2008 年新上兩套數字電影設備，同步觀看全國首輪大片。2012 年添置 2K 機、3D 放映設備各一套，影院社會效益、經濟效益均創歷史新高。

四平市博物館

建於 1958 年，先為市展覽館，後改為四平市戰役紀念館籌備處，1965 年仍為市展覽館，1968 年改為「三忠於」展覽館，1972 年恢復展覽館，1980 年改為四平市博物館，1984 年與原四平地區博

▲ 對來賓進行現場解説

物館合併為現四平市博物館。1988 年遷入烈士塔廣場西側新落成的博物館、圖書館大樓，12 月 1 日舉行了開館儀式。大樓使用面積 3100 平方米，可同時舉辦多個展覽。基本陳列有「四戰四平」革命文物陳列、四平地區出土文物陳列。每年承擔四平市各類大型展覽和外地來四平舉辦的專題展覽十餘項。1997 年被國家文物局評為「全國優秀愛國主義教育基地」，2001 年被中宣部命名為「全國百家愛國主義教育示範基地」，2004 年被中共吉林省委命名為「吉林省中共黨史教育基地」。

2011 年推出「票證、火花」展，2012 年推出「精品火花」展，先後在吉林省博物院、吉林市博物館、延邊州博物館進行展出。2013 年 7 月在民革中央組織下，赴台灣舉辦「四平精品火花展」，展出歷代精品火花近 2000 枚，引起台灣各界極大關注，推動了兩岸文化交流。

四平市圖書館

初創於 1916 年，稱簡易圖書館。1922 年改稱四平街圖書館。新中國成立後，在四平市一、二區文化館內皆附設圖書工作室。1958 年市人民委員會籌資 6 萬元建館舍 700 平方米，成立四平市圖書館，併入文化館的藏書 13984 冊。1965 年藏書已達 95653 冊，並設有兒童閱覽室。「文革」期間解體，圖書損失 80%。1972 年四平市圖書館恢復。1979 年 8 月成立「四平地區中心圖書館委員會」，8 個市、縣圖書館皆為會員館。1982 年成員館達 80 個。1988 年 12 月 1 日遷入新館大樓，館藏圖書已達 30 萬冊。1994 年被文化部授予地市級「三級圖書館」，被吉林省文化廳命名為「全省十佳圖書館」，為歷年省、

市級文明單位。2004 年 4 月全國文化信息資源共享工程啟動，四平市圖書館成為此項工程「市級分中心」。該館地方文獻徵集工作卓有成效，多次舉辦地方文獻展覽。為擴大圖書資源流通、服務基層，該館在農村、部隊建立多個圖書分館。2011 年該館為推動軍營文化建設，與駐軍某部聯合錄製了「聽黨指揮歌」演唱作品，獲得文化部頒發的一等獎，是吉林省和全軍報送作品中唯一的一等獎作品，《解放軍報》曾在一版予以報導。2012 年設立盲文圖書館，為盲人提供閱讀服務。

▲ 市領導視察地方文獻展廳

吉林師範大學圖書館

　　吉林師範大學圖書館是四平市規模最大、藏書最多、設施最完備、管理最先進的高校圖書館。它的前身是四平師範學院圖書館，1966 年成立時，館舍面積僅 1000 平方米。1980 年建新館，面積 4118 平方米。2004 年再擴建新館，2005 年投入使用，館舍面積 25341 平方米，設閱覽座席 5300 個，有理科閱覽室 2 個，文科閱覽室 3 個，外文借閱室 2 個，期刊閱覽室 2 個，電子閱覽室 1 個，古籍閱覽室 1 個，基礎教育文獻研究中心 1 個。該館現藏書 190 萬冊，其中中文 160 萬冊，外文 25 萬冊，期刊 2000 種。下設文獻資源部、期刊部、流通部、技術部。現已實現圖書採購、編目、流通管理、信息開發、數據統計、公共查詢、參考諮詢等業務的計算機網絡化。圖書借閱程序全開架管理。

▲ 舉辦校園讀書節活動

▲ 吉林師範大學圖書館

四平市群眾藝術館，朝鮮族藝術館

四平市群眾藝術館成立於 1979 年，初無館址，借電影公司用房辦公。1982 年遷入新館舍，位置在人民劇場對過、地直街北端，使用面積 300 平方米。1990 年遷入現址，在市博物館南側，占地 1100 平方米，館舍使用面積 800 平方米。設有文藝部、美術部、創作輔導部、館站工作部等。常年開展群眾文化生活的組織輔導工作，開辦健身舞、少兒美術、聲樂、評劇、黃梅戲、大秧歌等各門類培訓班，無償向廣大市民開放，培養業餘文藝骨幹和社區文藝隊伍。舉辦農民藝術節、鄉土書畫展、農民工子女書畫展、春節春聯掛錢展、特色剪紙藝術展等多項展覽，提高民眾文化生活質量和欣賞品位。

朝鮮族藝術館成立於 1986 年，與群眾藝術館入駐同一館舍。該館負責組

織指導全市少數民族文化工作，每年舉辦朝鮮族春遊、老人節、國慶少數民族大聯歡等多項活動，並開展朝鮮族舞蹈和朝鮮語培訓工作。多次獲省、市民族團結進步先進單位。2009 年榮獲國務院命名的「全國民族團結進步模範集體」稱號。

文化業務建設成果豐碩

　　文化藝術在這一階段有了充分的發展。由於新老業務骨幹積蓄多年的工作潛能得到發揮，各項文化藝術工作均取得可觀成績。在演藝界，話劇、評劇、吉劇、二人轉等各門類，因創作力量加強，產生許多好的劇本，再經較強的演出團隊上戲，從而推出眾多戲劇精品。如話劇《少帥傳奇》《郭松齡反奉》《野人之謎》《謎財囑夢》《雷鋒之歌》《太陽女》《鐘魂》，吉劇《主任家事》《萬事開頭難》《晴雯傳》《美容師招親》《罵鴨》，二人轉《姜須搬兵》《鋸大缸》《倒

▲ 朝鮮族「老人節」

▲ 朝鮮族春遊盪鞦韆

▲ 國慶聯歡會

▲ 市朝鮮族藝術館被國務院授予「民族團結進步模範集體」

牽牛》《雙趕集》《鬧發家》，單出頭《南郭學藝》，拉場戲《老男老女》，都為群眾所喜聞樂見，並且在省內外產生了影響，獲得了各級獎項。

值得一提的是四平民間藝術團 1987 年 7 月北京之行，四平話劇團《孔繁森》劇組 1995 年 6 月進京匯報演出及南下巡迴演出，四平話劇團《九龍吟》劇組 1998 年 7 月進京匯報演出，四平市藝術團 2004 年 11 月赴日本別府市友好交流演出，都使四平鄉土魅力和藝術風采得以展示。

▲ 吉劇「美容師招親」獲省吉劇第一屆會演一等獎

▲ 小吉劇「罵鴨」獲會演劇目一等獎

▲ 單出頭「南郭學藝」

▲ 二人轉「窗前月下」

在創作上四平強手如林，名家薈萃。段崑崙、李桂仲、解濱生、欒淑芳、劉興文、苗向陽、趙月正、陳功范、張洪傑、付文觀、蘇景春、陸德華、王亞軍、頓寶玲、馬弛、張鳳豔等人成果突出。

▲ 1998 年年四平市劇本創作會合影

　　表演方面桑青林、閻光大、范麗華、李春潔、陳淑新、白晶、王穎、董春明、徐燕等為近二十年以來的中堅力量。近年推出的大型話劇《神族》、小品《局長家的賊》、拉場戲《雇媽》等均在全國獲獎。二〇〇二年至二〇一三年參加六屆吉林省「二人轉・戲劇小品藝術節」均取得佳績，梨樹趙丹丹榮登吉林省二人轉「四大名旦」之首。

▲ 舉辦聲樂培訓班

　　在群眾文化領域，市群眾藝術館作為一個龍頭，從一九八五年至一九九二年，在全省同行業評比中取得「八連冠」的佳績，梨樹縣文化館、公主嶺市文化館也多次獲得全省先進館的殊榮。七屆英雄城音樂會催生作品，培養人才。梨樹縣農民畫走出國門

遠赴日本、加拿大展出。二十年來四平創作歌曲、創編舞蹈多次獲得國家群星大獎。二十一世紀以來的音樂創作、廣場文化、社區文化、企業文化、萬人唱響英雄城活動、農民歌手大賽、農村文化大院，均異彩紛呈，扮美生活。開展「文化七進」產生較大

▲ 「紅鋼之聲」農民歌手大賽

影響。朝鮮族藝術館抓住特色發揮優勢，在全市多個少數民族中開展文化活動，在促進民族團結上有不俗的業績。

　　四平戰役紀念館二〇〇五年土建完成，二〇〇七年正式開館，推出大型全景式的「四戰四平」革命文物陳列，以豐富的圖文影像資料，向中外觀眾展示那段血與火的歷史。

　　市文物管理辦公室以大視野、大動作探秘四平過去的足跡，風餐露宿踏遍二龍湖、羊草溝、後太平、古韓州等遺跡，發掘保護，傳承歷史。積極投入第三次全國文物普查，取得豐碩成果，三項成果入選吉林省「三普」十大新發現，全市已確定不可移動文物一〇八〇處。

　　由於文化多元化、體制不適應社會發展等問題，平東電影院、道東電影院、藝術劇場及各縣、市電影院、企業俱樂部相繼倒閉。電影產業經歷了相當長一段時間的滑坡挫折期。道裡電影院幾經修繕和更新改造最後獨撐一方天地，保持優美環境和一流設備，為市民觀看電影創造便利條件。百部愛國主義影片進社區活動，成為新時期電影工作的惠民之舉。農村電影數字影院

▲ 「文化藝術研究」系列叢書

▲ 中國‧葉赫滿族民俗文化研討會

每年完成一三二四〇場既定放映任務。在文化出版和理論建樹上，有關人員苦心孤詣，鼎力合作，先後完成史論專著《四平市戲曲志》《吉林單鼓》《四平文化史略》《筱桂花評傳》《四平市曲藝志》等，創作歌曲集《英雄城頌》、中國民間文藝集成市縣區卷、社區文化和創業文化系列叢書的出版和《大東北文化報》的刊行，都為四平文化增添亮色。

「一主四輔」創建特色文化城

二〇一二年，圍繞市委提出的「五城聯創」的發展戰略構想，針對特色文化城建設，市委印發了《四平市創建特色文化城實施方案》。《方案》明確了「一主四輔」獨具四平特色的文化發展格局，即以挖掘研究、整理傳承薩滿文化遺產為主導，突出發展紅色文化、創業文化、詩詞文化和二人轉文化。具體實施五大工程，即文化設施建設工程、文化遺產保護工程、文化精品創作工程、文化產業躍升工程、歷史名人推介工程。該《方案》的出台為四平創建特色文化城指明了發展方向，明確了工作重點，以此為標誌，拉開了建設文化強市的序幕。

文化體制改革取得重大進展

二〇一二年完成了市文化新聞出版局與市廣播電影電視局的機構整合。合併後的文廣新局，機構職能更加健全，科室設置更加科學，幹部隊伍得以壯大，活力正在顯現，為四平文化大發展、大繁榮提供了組織保障；基本完成了四平市藝術團和話劇團的轉企改制任務。兩團共一〇一人都得到穩妥的安置。四平的改製成本在全省是最低的，改得也最徹底。二〇一二年六月，「四平藝

術劇院有限公司」正式成立；新道裡電影院實行目標管理。新道裡電影院合併到文化局後，實行了新的目標管理責任制，對管理模式和管理人員進行了調整，每年上交市財政三十一萬元，國有資產保值增值了，觀眾也明顯增多了，影院的作用得到了充分發揮。

▲ 歡迎國家雙擁模範城檢查團文藝演

▲ 改制後院團演出「清宮倩影」

▲ 吳家奇獲第七屆中國評劇票友大賽一等獎

文化惠民工程紮實推進

文化「五館」（四平戰役紀念館、市圖書館、博物館、群眾藝術館、朝鮮族藝術館）從 2012 年開始全部免費開放。每年接待、服務群眾達到 50 餘萬人次，社會反響良好。其中，四平戰役紀念館、市圖書館堅持做到全年開館，節假日不閉館；群眾藝術館和朝鮮族藝術館常年開設美術班、舞蹈班、聲樂班、韓國語班等培訓班，滿足市民文化需求。

2013 年完成吉林省圖書館四平市百姓書房建設並投入試運行，把吉林省高端的文化服務引進四平。截至 2013 年底，全市共建成 1196 個農家書屋、1191 個文化大院、75 個鄉鎮綜合文化站，並充分發揮其功能，為農民朋友學習科技知識提供便利。2012 年，由四平市文化局選拔推薦的聯合化退休職工吳英奇參加由文化部主辦的「全國第八屆評劇藝術節暨第七屆全國評劇票友大賽」，榮獲「十大名票」稱號，填補了吉林省的空白。

2013 年，市圖書館在全國殘聯、文化部主辦的「首屆全國公共圖書館視障服務工作研討會」上，作為全國唯一一家市級圖書館做經驗介紹。市、區文化部門組織開展文化活動，豐富市民文化生活。每年都成功舉辦四平市春節聯歡晚會、元宵節燈會和焰火晚會；舉辦迎新春春聯、掛錢展和「戰役紀念館館藏書畫展」等專題性展覽。

兩年來完成送戲下鄉活動 751 場，農村公益電影放映 27600 場次，累計觀影 400 餘萬人次。為加強全市廉政文化建設，組織兩場「七月清風」大型廣場演出活動。積極利用四平會堂開展演藝活動，2013 年「中國四平·第 12 屆國際兒童電影節」在這裡成功舉辦；邀請延邊歌舞團在這裡演出三場，使 500 多名幹部群眾欣賞到了參加全國「十藝節」的精彩節目。

專業創作精品頻出。原創小品《有

▲ 第十二屆中國·國際兒童電影節開幕

錢了》《新白蛇傳》在江蘇衛視 2013
年春晚播出，在全國引起極大反響。
參加「吉林省第六屆二人轉・戲劇小
品藝術節」獲多個獎項，拉場戲《方
圓之間》獲藝術節大獎、編劇一等
獎，參加綜合場優秀劇目展演；小品
《石頭　剪子　布》獲劇目二等獎、
編劇二等獎；小品《人與人》獲劇目
二等獎、編劇一等獎。2012 年組織創
作了一系列廉政文化作品，在省紀委
舉辦的「廉政文化『五個一』精品創
作工程」中，創作《拼爹時代》等作
品分獲一、二、三等獎及優秀獎，共
32 個獎項。

▲ 小品「有錢了」

▲ 小品「新白蛇傳」

文博事業再添新亮點

　　「三普」工作精彩收官。2012 年，全省「三普」總結表彰大會在四平召
開，市文廣新局在會上介紹經驗。7 月份，在全國文物工作會議上，四平文管
辦得到了國家文物局和人社部的聯合表彰，全國僅 50 家，四平是吉林省唯一
一家，這樣的表彰會建國後只有四次。

　　2013 年，全市新增 6 處全國重點文物保護單位，四平市「國保」總數增
加到 10 處 34 個單位。吉林省文物局和四平市人民政府召開重點文博項目對接
會，把四平一批重點項目納入全省的盤子，積極開展文保單位的保護維修工
作。在「5・18 國際博物館日」，召開了四平市紀念二龍湖古城發現 30 週年
暨四平建城 2300 年學術研討會。

　　滿族花棍舞成功申報吉尼斯世界紀錄。由市文廣新局指導排練的萬人花棒
舞表演於 2012 年 9 月舉行並成功申報吉尼斯世界紀錄。目前該舞蹈已成為舞

▲ 市文管辦獲「全國文物系統先進集體」

▲ 2013 年「5·18 國際博物館日」紀念二龍湖古城發現 30 週年暨四平建城 2300 年學術研討會

台藝術精品，在四平市直機關第四屆職工運動會及新春晚會等演出中均有亮相。同時，花棒舞已在城區內中小學校普及，成為全市中小學的體育展示項目。

開展非物質文化遺產保護工作。組建了四平非物質文化遺產項目論證專家庫，並開展非物質文化遺產項目申報工作。已公示第一批市級非物質文化遺產名錄，推薦項目名單共 7 大類 13 項，包括二人轉、評劇、滿族珍珠球、滿族剪紙、滿族旗袍傳統工藝等。

基層文化活動多彩多姿

農村綜合文化站設施達標，功能完善，農村文化大院活動豐富多彩，文化廣場、健身器材滿足村民娛樂和體育活動需要。農村休閒遊、農民藝術節異彩紛呈。五十多個村農家書屋為農民提供精神食糧，現代遠程教育為農村致富和科學種田帶來豐富的信息資源。

社區文化經十五年建設有了長足進步。七十六個社區加強了文化組織輔導功能。全市社區文藝會演、體育大賽、秧歌比賽、健身舞比賽提升了社區文化質量和品位。鐵東區「百姓大舞台」為市民搭建了才藝展示平台，八個街道、四個鄉鎮參與，每年八九月舉辦多場群眾演出，「百姓大舞台，有才你就來」的口號調動了城鄉群眾共同參與文化活動、進行才藝展示的積極性。在演出的節目中，有歌舞，有戲曲，有土生土長的二人轉，有獨具特色的藝術絕活，琳瑯滿目，美不勝收。

第二章 ——

文化事件

　　在四平這塊時空舞台上，千年風雨，百年滄桑，眾多歷史人物演繹了或威武雄壯，或跌宕起伏的故事。人民是歷史的創造者，人的因素是歷史進程的決定性因素。文化的史實和脈絡，更加豐富了四平的故事，增加了四平的魅力。尤其近現代以來，四平飽受俄、日兩帝國主義的侵略奴役，四平人民在反侵略鬥爭中磨礪了意志和膽識，四平人民也通過艱辛的勞動，促進了城市化的進程，使這座城市在幾十年的時光裡迅速崛起，成為一座工業重鎮、交通樞紐。

康熙、乾隆葉赫賦詩

一六四四年清朝定鼎中原，國內局勢一直難以平靜。康熙二十一年（1682年），朝廷平定了三藩之亂，朝野上下額手稱慶，時值天下太平，五穀豐登。康熙承諾「滋生人丁，永不加賦」。海清河晏之日，皇上決定第二次東巡。

康熙第一次東巡是在一六七一年九月初三，九月十九抵達盛京，又經鐵嶺、開原、葉赫至吉林，然後原路返回北京。這次康熙一行駐蹕葉赫驛站，曾有過一次祭祀和詩詠活動。康熙於十月初一在葉赫寫下《經灰發、葉赫、哈達》詩二首：

其一

鐵馬金戈百戰時，戎衣辛苦首開基。

榻邊鼾睡聲先定，始布中原一著棋。

其二

坦墉遺址尚山坳，略地平城闢土茅。

滌盪塵沙真不易，仰思遺烈駐雲旓。

詩前有序：「行圍所經灰發、葉赫、哈達諸地，皆我祖宗之所開，並遺存焉。」

隨駕在葉赫駐蹕的，有高士奇、納蘭性德、曹寅等。高士奇《扈從東巡日錄》載：「庚寅雨中過夜黑河」，「夜黑城在北山之隈，磚甃城根，亦有子城，尚餘台殿故址。又一石城，在南山之陽，水草豐美，微有阡陌」。此所謂「夜黑城」，即葉赫河北的西城；石城，即葉赫河南的東城。

第二次東巡是在早春二月的嚴寒中出發，康熙帝帶著遏必隆、索額圖、納蘭性德、曹寅、郎談、薩布素等文武臣僚，在數萬兵將的簇擁下，浩浩蕩蕩離

開了北京，沿著新修的自京師皇華驛，經盛京，至吉林烏拉山的大御路逶迤前行。

康熙此次東巡，一是向祖宗報喜平定了三藩之亂，二是著手對付沙俄的入侵，部署邊防，視察松花江水師和船廠。

四月十三東巡返程，又經葉赫故地，見到的仍是一片廢墟，康熙不禁觸景生情；但看到古城新綠，花草叢生，又有幾分欣慰。於是他寫下一首《經葉赫廢城》：

斷壘生新草，空城尚野花。
翠華今日幸，谷口動鳴笳。

在這首詩中，「斷壘生新草，空城尚野花」句，既是對那荒城野陌、斷垣殘牆已成廢墟的葉赫面貌的真實描述，也是在發思古之幽情，躍動著一個甲子的回味。征伐滅國的慘像是太祖造成的，可那畢竟是親戚之間的爭鬥，而且先祖通過戰爭實現了女真內部的統一，從而奠定了大清王朝的霸業。在此，似乎把昔日葉赫的屈辱和苦難淡化了，而陶醉在帝王的勝利、光榮、居高臨下的思緒中了。

七十多年後的乾隆十九年（1754年），玄燁的孫子弘曆東巡，寫有《望葉赫舊墟》詩：

寒盟有彼義何甘，甲士當時祇十三。
自是天心嵌日角，幾曾虎旅藉犀函。
折衝底用稱韓信，決策無須聽秋弈。
創業艱辛千古獨，垂衣敢恃面臨南。

原題下有序：「敬唯我太祖高皇帝，以十三戎甲奮跡於此，復化服眾，遂

成王業。謹賦其事，以示來許。」

康、乾的東巡詩、與葉赫關聯的詩皆被《吉林外記》《吉林通志》等地方志書收入。

在葉赫城，康熙帝入城後便為葉赫第一代貝勒星根達爾漢、城主布寨、納林布祿及縱火自焚的金台石（金台石是納蘭性德的曾祖父）修祠堂、建廟宇，並親自登壇祭祀。納蘭性德的父親明珠，時任武英殿大學士，加太子太傅。這次納蘭性德護駕同來，見康熙皇帝對先祖如此祭奠，禮敬有加，不禁感激涕零，對皇上更加忠誠愛戴，全體大臣、親兵對皇上寬宏大度之舉和仁厚之風也無不稱頌。

納蘭性德三臨葉赫

納蘭性德生於一六五五年一月十九日，康熙皇帝生於一六五四年五月四日，以農曆計算（順治十一年甲午）兩人同歲，都是屬馬的。康熙比納蘭性德年長八個月，是納蘭的表哥，從小一同讀書，一同練武術。康熙登基親政後，每有出巡，必召納蘭護駕。無論去沙河、西山、湯泉、五台、盛京、葉赫、吉林，還是東嶽、蘇州、南京、杭州、錢塘、紹興，都有納蘭佩刀而侍。凡有不測，納蘭性德總是身先士卒，不避艱險。因此，納蘭性德三次進駐葉赫，焚香祭祖，其中兩次是扈從康熙而來，第三次鮮為人知，真的有些「神祕」了。

納蘭性德初來葉赫

一六七一年，康熙滿了十八歲，剛剛擒殺了鰲拜，心高氣盛，想起了父親東巡的遺志，決定要到龍興之地敬天祭祖。這年九月初三，得到了太皇太后的批准，康熙實現了這個夙願，開始東巡。

在葉赫驛站，納蘭性德按照滿族人傳統，為康熙準備祭祖的儀式。一同在葉赫駐蹕的，還有納蘭性德的好友曹寅。是時有《柳條邊望月》《歲暮遠為客》等詩記之。

納蘭性德二拜葉赫

十年過去了。康熙二十一年（1682 年），納蘭性德二十八歲，再次與曹寅扈從康熙帝東巡。在二月的冰天雪地中直取東北。

四月十三東巡返程，又經葉赫故地。納蘭性德有《滿庭芳》詞：

堠雪翻鴉，河冰躍馬，驚風吹度龍堆。陰磷夜泣，此景總堪悲。待向中宵起舞，無人處、哪有村雞。只應是，金笳暗拍，一樣淚沾衣。須知今古事，棋

枰勝負，翻覆如斯。嘆紛紛蠻觸，回首成非。剩得幾行青史，斜陽下、斷碣殘碑。年華共，混同江水，流去幾時回。

納蘭性德三臨葉赫

納蘭性德第三次拜祭葉赫，不是身為「扈從」的那種遊歷性質，而是以「獵鹿」的表象，路過葉赫，執行一次祕密的軍事偵察任務，即「覘梭龍」。

當時黑龍江到興安嶺一帶的「梭龍（索倫）族」民風彪悍，在俄國人的慫恿下，經常騷擾滋事，朝廷派遣副都統郎坦率三百勁卒，以獵鹿為名，來查看形勢，以及確定戰時糧草運行的路線。派納蘭性德參與這一軍事行動。「覘梭龍」是納蘭生平中一件重要的事件。

納蘭性德護駕北上，填寫了兩首膾炙人口的詞，即《長相思》和《滿庭芳》。

長相思

山一程，水一程，身向榆關那畔行，夜深千帳燈。風一更，雪一更，聒碎鄉心夢不成，故園無此聲。

《長相思》是納蘭性德護駕從北京過山海關時的作品，詞意質樸，用字凝練，堪稱千古絕唱。

民國前後戲曲藝人在四平的演出活動

清末民初二十餘年的四平，隨著商業和民族工業的發展，人口的聚集，時尚的演藝活動日漸增多。宣統年間公主嶺便開闢了日華茶園，接納京、梆戲曲演出。

▲ 日華茶園舊照（1936 年）

一九一八年四洮鐵路通車，戲曲活動向四平、鄭家屯等商埠集中。四平有白寶珍、任裡堂建立的富士茶園，繼有懷德縣知事建立的大舞台。小香水、張文清等曾在這兩處戲園子演出梆子《三娘教子》、京劇《追韓信》等。著名評劇社營口李子祥「共和班」，「警世戲社」的成兆才、月明珠、金開芳等，也曾到四平短期演出《杜十娘》《花為媒》《楊三姐告狀》等評劇。演出活動形成了連續性，一九二六年金開芳攜警世頭班、一九二八年李金順攜元順戲社來四平唱戲。一九二八年鄭家屯富紳石維岳修起「大新舞台」，時有小達子、賈玉峰、錦秋恆等來此演出梆子和京戲。一九三〇年有王小豆、鴻壽文到鄭家屯大新舞台演唱評劇。各地堂會戲、廟會戲、求雨戲等演出亦十分頻繁。

▲ 1931 年年筱桂花等在吉林北山向老郎廟贈匾

▲ 雙遼大新舞台

▲ 解放前評劇演出節目單

一九三一年九一八事變在四平歷史上是一個節點。九一八事變後四平的經濟、政治、文化在日偽殖民政權的操縱之下。首先，四平「富士茶園」「大舞台」相繼倒閉，僅餘南市場的「大觀茶園」，梨樹鎮一九三六年搭建一處席棚戲場，其簡陋可知。雙遼有「大新舞台」。梨樹有金麻子班、李生班。懷德「日華茶園」改稱「日滿茶園」了，仍由老班主張子森出面維持。四平「大觀茶園」業主王業清辦的「窮王班」名氣尚可，有能唱京劇、評劇的演員劉大龍、高德慶、呂福祥、孫桂芳、崔湘亭，另外還有評劇班社，曾邀梆子演員小香水、金剛鑽、小達子來唱河北梆子。後梆子漸衰，多數藝人改唱京劇、評劇。「窮王」周圍一度京劇名角雲集，周亞川、張文清、徐澤民、王虎臣、白玉昆、方榮祥、楊月樵、尹保忠、安桂秋等演出勢旺，培養了四平人對京劇的興趣。各地戲院多屬京、評合水，唯鄭家屯獨崇京劇，奉天、北京的京劇演員錦秋恆、賈玉峰、白文豔、金寶寶、范幼亭、筱月樵、周少樓、花豔君、曹藝斌、雲嘯天、李寶珍、陸瑛琪、劉彩珠等均曾來此演出京劇。

一九四一年太平洋戰爭爆發後，在戰時體制下經濟蕭條，百業凋敝，戲院、茶園營業不振，班社藝人朝不保夕，衣食難以為繼，許多主要演員流離失所。

一九四二年冬四平接待了上海「白雲劇團」的話劇演出，形式特殊，觀眾也算開了眼界。來的是汪偽統治下的「新中國」上海影業公司著名小生白雲、著名滑稽演員尤光照組成的「白雲劇團」一行十幾人。演出在道裡五馬路鐵路俱樂部，演出複製電影情節的話劇《三笑》。在簡陋的舞台上演出「文明戲」，但無布景、無麥克，聲光效果低下，觀眾唯一欣慰的是看到了電影演員本人。

「白雲劇團」演出尚屬成功，瀋陽「摩登劇團」一九四五年來四平卻經歷了悲慘的遭遇。

原來，四平街市場「大觀茶園」窮王業主王業清從奉天請來「摩登新歌劇團」，接來當時最紅的評劇演員「筱摩登」。筱摩登原名錢玉芳，藝名花王舫，二十世紀四〇年代初因在奉天成立「摩登新歌劇團」而得了個「筱摩登」綽號。她多才多藝，能唱評劇各派唱腔和流行歌曲、時興小調，隨時變換，運用自如，加上自創的帶燈泡的戲裝，十分炫人耳目。

筱摩登一到四平，一群警界敗類就想從這位名伶身上尋芳竊玉。她剛一下車，坐臥未穩，就有四平警務廳的包警佐，派人邀她「打牌」，被她婉言謝絕了。不料頭一天演出就出事了：在演出前一刻，筱摩登突然發病，腹痛難忍，在茶園附近旅店內臥床不起。王業清找來一塊鴉片讓筱摩登吃下止疼，她的丈夫劉小樓在旁為她按摩。突然一個警察破門而入，誣其有傷風化，硬把夫妻二人帶到警察所，不問青紅皂白，一邊辱罵，一邊毒打，打人者正是包警佐。這一夜夫妻二人受盡了偽警察的侮辱和折磨。第二天，經王業清託人送禮才放出了他們，他們含悲忍淚帶著傷，勉強演了兩場戲《千里送京娘》《陳查理大破慘殺案》，第四天便含恨離開了四平。

愛國反帝，詩筆留痕

▲ 王統照

王統照（1897 年至 1957 年），字劍三，山東諸城人，現代著名作家、教授、文學編輯、書法家，在小說、詩歌領域有很高的造詣和成就。曾於一九三一年二月，應東北第一交通中學校長宋介之邀，來四平街任教。

一九二一年，四鄭鐵路向洮南延伸，一九二三年四洮鐵路全線通車。為培養鐵路員工後代和民眾子女，四洮鐵路局先在四平北站創辦扶輪小學。一九二七年北京政府交通部派劉獻九創辦四洮鐵路四平街扶輪中學，主要目的是為正在擴大的東北鐵路事業培養積累人才，同時也解決扶輪小學學生升級問題。一九二八年在滿鐵附屬地西側購置土地一五七畝建設校址（位於現中心醫院）。隨即，四平扶輪中學更名為東北第一交通中學，原為交通部所屬，後隸屬於東北交通委員會。繼前兩任校長劉獻九、姚繼民之後，宋介於一九二九年一月到該校擔任校長。王統照受宋介之邀前來擔任國文教員。王統照與宋介是「五四」時期在中國大學的同學，又是共同創辦《曙光》雜誌的文友。

王統照來東北第一交通中學時，該校建設已有相當規模。除先後建成的一七〇間校舍，還設有體育場一處，足球場一處，籃球場四處，圖書館一處，開辦了高中班，成立了英文學會、鐵路管理學會、體育協進會，行政管理和教學體系日趨完善。王統照來校後擔任高一級國文教員。他這樣知名的作家來教書絕不是為了謀生，而是借在東北四平當教師的機會，體察深重危機下的東北政局和民情。但他對課堂內外知識的講授、對學生的啟迪教育確是十分認真、

不遺餘力的。在國文教學中，他講魯迅、葉聖陶的小說，朱自清的散文，介紹「五四」以來新文化的潮流和走向，宣傳反帝反封建的革命形勢，傳播愛國自強的民族意識。王統照平時話語不多，待人卻極熱誠謙和，他在東北第一交通中學任教總共兩個月多一點，但他給同事、學生留下的印象是深刻的。他的學生許恩遠在一九八三年回憶：「先生當年給我們講課經常宣傳愛國主義思想，那時候我們還以為他是上級派來的中共地下黨員呢。」

一九三一年四月，東北第一交通中學首屆高中班（鐵路管理）即將畢業，校方編印一本《東北第一交通中學鐵路管理科高一級畢業紀念冊》，師生們懇請王統照先生撰文紀念，他推辭不過，於是為紀念冊寫了一篇序言。在序言中他勉勵學生們「以青年的精神，腳踏實地，去隨時研究有益的學問。以不斷的努力，聯合大家，做極平凡的事業」。他針對交通中學的專業特點，語重心長地告誡青年：「誰都知道交通與國家的關係，舉凡工商業的振興，人民智力的增進，無不有賴於此。偌大的中國極為明顯的是交通全在外人手中，是國勢不振人民貧弱的一大病根。這倒不需多說，但希望諸君從事於此，將來不止做交通技術人才，還要進一步以求中國交通事業的進展。」正是在九一八事變迫近、中日矛盾尖銳、關東軍磨刀霍霍、政治生態惡劣的四平街，王統照以他高度的警醒、正義和良知，給學生留下了錚言和忠告。這對那些將要走向社會的青年是十分可貴的。當時日本急欲侵吞中國東北，形勢危急，恰似山雨欲來風滿樓。王統照耳聞目睹日本軍閥侵華野心之膨脹，決心以筆喚起民眾，拯救國家。此次來四平任教，他還藉機遊歷了瀋陽、長春、哈爾濱、興安屯墾區，考察了東北城鄉各階層和社會狀況，寫出了報告文學集《北國之春》，收錄作品二十篇，六萬餘字，描述了當時東北的民俗風情、山水風光，文字雋永而富有歷史縱深感；後又寫出了長篇小說《山雨》，描述了東北人民遭受沉重壓迫下的痛苦生活，解讀北方農村的撕裂、崩潰的危局。這兩部著作分別由上海神州出版社、開明出版社於一九三三年出版。王統照在此期間寫下《東北雜詩五首》，表達了強烈的愛國反日情緒。如：

驚心東北事，誰復唸經營。
鐵騎馳三郡，飆輪碾百城。
河山空設險，隴畝代春耕。
到處聞人語，瀋陽正假攻。

「假攻」，是指九一八事變前日軍數次在瀋陽、長春進行軍事演習，其勢咄咄逼人。

錠金豆子米如珠，物產偏生耐寒區。
日艘年年東運去，中原猶復少儲蓄。

這首詩是說日本大肆掠奪東北的糧食資源。

滿殊舊鏡戰塵昏，誰引強鄰蹴國門。
嗚咽綠江江上水，東流日夜吊忠魂。

此詩描述中日甲午之役，祭奠那些為國犧牲的亡靈。王統照的四平和東北之行，在白山黑水間留下了深刻的記憶。

「恥鐘」播揚反帝愛國思想

扶輪小學，為誰首倡，其名何義？扶輪是現今四平鐵路第一小學前身，由四洮鐵路局首倡，東北交通部批准，始建於一九二七年。「扶輪」，顧名思義，乃扶助火車車輪之意也，也就是說從小學開始就要造就為國有鐵路服務的人才。

一九二八年，道裡中央緯路以南，鐵路以西為日本人租界地。鐵路西側中央緯路以北除日本租界外，還殘留著一塊小得可憐的土地為中國人自轄。四洮鐵路局就設在這裡，扶輪小學也就設在四洮鐵路局的後面。其目的是培養自己的人才，為中華民族爭氣，與日本帝國主義在租界地辦的洋學堂相抗衡。

扶輪小學教學質量很高，在四平街首屈一指，聞名遐邇。九一八事變前，日本帝國主義咄咄逼人之時，學校老師經常向學生講述愛國道理，這是扶輪小學獨設於課程表之外的「政治課」。因此扶輪小學學生與洋學堂相比，多的是憂國憂民之心，懂的是愛國愛家之理，在他們心裡從小就紮下了熱愛祖國的根子。

扶輪小學做的一件事，老一輩人尚先生至今不忘，講起來慷慨激昂，催人奮起。一九三一年九一八事變前，由全校教職員工自發，集資鑄鐘，鐘上鑄了一個「恥」字，鐘口如臉盆，高二三尺，並專為「恥鐘」做了木質吊架，高高豎於操場的講台旁。學校每天都有朝會，全校師生列隊集合，在朝會上敲鐘問恥。尚先生被學校指定為既是敲鐘者，又是問恥者。他回憶說：「敲鐘，有一個鐘鎚，鎚頭上有一個木頭疙瘩，外裹紅布，每天都由我敲我問，每敲三下問一句恥，每天敲九下鐘，問三句恥，每週六天，天天如此。如：我高聲問『二十一條，是不是我們的恥辱』？師生們齊聲回答：『是』！又問：『南滿鐵路沒有收回，是不是我們的恥辱』？師生們又回答：『是』！有十餘條內容，都是我們的國恥，每次問哪三條，由我任選。」不難設想，在日本法西斯租界地

近旁，在血腥屠殺者面前，憑著被淪亡危險的民族的一片愛國赤誠，敢行此舉，委實是大義凜然，表達了中華民族不可侮的決心和氣節。

尚先生對九一八事變前一天扶輪小學的回憶更是令人難忘。他說：「那一天早晨我照常到校，朝會時照例由我敲鐘，不過這是最後一次敲鐘問恥了。我們扶輪小學校與鐵路只有一道鐵絲網相隔。那幾天形勢緊張，日本便衣特務出出進進，不少人暗中察覺，人心惶惶。校長康錫猨將我叫到校長室，小聲叮嚀我：『時局有變化，凡事多加小心為好』。事也趕巧那天早晨敲鐘只敲了兩下，還沒來得及敲第三下，鎚桿就折斷了，只好用半截殘桿補敲一下，問完一句，後六下改用鼓鎚敲鐘，終於問完三句⋯⋯」

▲ 懸掛於鐵路一小學校園內的「恥鐘」

尚先生說，九一八事變當天他又到校了。這天，街上空氣沉寂，路人行色匆匆。在一家二層辦公樓上，有幾個日本人交頭接耳，頻頻拿望遠鏡東張西望。尚先生到校內一看，空無一人，旋即跑到北溝，繞道回家。過了十餘天，學校重新復課，大家紛傳學校部分老師被日本憲兵抓走了，其中就有與尚先生朝夕相處的劉鴻久老師。大約過半個月之久，劉老師被釋放回校。劉老師邁進教室後的頭一句話就說：「同學們，我以為，今生今世和你們再也見不到面了。」只說了這一句話，眼淚嘩嘩往下淌，同學們個個泣不成聲。

昔日扶輪，故址猶在，校舍一新。那座「恥鐘」雖已不知下落，但愛國主義傳統卻歷久彌新。四平鐵路一小的新一代教師，在中共四平市委宣傳部支持下，於一九九五年（抗戰勝利 50 週年）重新製造了一口恥鐘，並修建了鐘亭。鐘聲悠揚，永繫愛國之魂，弘揚強國之道。

四平戰歌吹響四平解放的號角

　　四平戰歌，是在一九四六年三月至一九四八年三月四平戰役中產生的群眾歌曲。目前已收集到的有六首。其中有三首主歌：《四平攻堅戰歌》《保衛四平街》《戰鬥動員》。三首副歌：《輓歌》《攻打榆樹台》《擴兵歌》。在主歌中流傳最廣、作用最大、軍民最喜歡的是《四平攻堅戰歌》。這首歌，從鄉村飛到城市，從大街飛到小巷，很快傳遍了全戰區、全東北、軍內外，男女老幼都會唱。伴著中國人民解放軍的足跡在全國流行開來。並載入《吉林民歌集成》第一卷，將成為傳家寶。

四平戰歌的產生

　　四平戰歌，就是在四平戰役中，根據民間流傳和我軍開展政治宣傳工作的需要整理、改編、創作的群眾歌曲。這些歌曲的問世，為宣傳戰局，堅定軍民必勝信心，鼓舞殺敵鬥志，瓦解敵軍士氣起到了積極作用。因此，也稱它是戰鬥進行曲。

▲ 四平戰役中，人民群眾的支前隊伍高唱「四平攻堅戰歌」行進（1946 年）

四平戰歌在四平戰役中的作用

《四平攻堅戰》是四平戰役中的第三次戰鬥中創作的。我軍經過三下江南和四保臨江的春季攻勢後，1947 年 5 月 13 日又開始強大的夏季攻勢的第二階段，它的外圍戰是 6 月 11 日開始的。6 月 14 日下午 8 點我軍以三個縱隊的兵力，對四平守敵發起了總攻，經過 18 個晝夜的激戰，摧毀敵陸、空聯合之堅固防禦體系，攻占了四平大部，殲敵 1.6 萬餘人，由於實行戰略上的撤退而宣告這次戰鬥的結束。

《四平攻堅戰歌》，就是在這次攻堅戰的準備戰、外圍戰、總攻戰階段人人高唱，流傳甚廣，作用最大的一首戰鬥進行曲。詞句精練，語言淳樸，短小精悍，戰鬥性強，曲調流暢，上口易傳。因此，人人會唱、愛唱，至今流傳。

四平戰役的第二首戰歌是《保衛四平街》。這首戰歌產生於 1946 年 4 月四平保衛戰中。我軍守城部隊七縱一師在站前廣場召開萬人戰前動員大會，師長馬仁興在大會上作了動員報告，阿倪、任虹、北怡等同志，根據這個報告內容編寫了這首歌詞和曲調。刊登在 1946 年 5 月 25 日《東北日報》上。

《保衛四平街》這首戰歌，從歌詞結構上看有三個段落，每段都圍繞著保衛四平，擴大戰果，取得全線勝利的這個中心。歌詞第一段就是「準備好炸藥，準備好機關槍，反動派從哪裡來，就在哪裡打退他！保衛和平，保衛民主，保衛四平街，我們是人民自己的武裝，我們是不可戰勝的力量」。

四平戰歌的第三首歌曲是《戰鬥動員歌》，在攻打四平戰鬥前由某部團參謀長王健同志在作戰前動員大會上順口編了這首歌詞，不知哪位戰士譜成了歌曲，從此在連隊裡傳唱開來，成為《戰鬥動員歌》。它產生於 1946 年 4 月四平保衛戰準備階段。

▲ 戰士們高唱「保衛四平街」（1946 年）

歌詞富有戰鬥性和號召力。它號召軍民為爭取獨立民主、軍民團結，拿起武器，堅決消滅進攻人民的反動派。這首歌曲在軍隊裡流行很廣。因此，動員會上唱著它，戰士們摩拳擦掌，整裝待發；行軍路上唱著它，勇往直前，準備衝殺；戰場上唱著它，猛打猛衝，英勇拚殺。總之，這首歌曲，在四平戰役中起到了調動革命軍隊，組織戰鬥力量，鼓舞戰士鬥志，堅定必勝信心的作用。

四平戰役的第四首歌曲是追悼七縱一師師長馬仁興（當時擔任四平衛戍區司令員，在四平攻堅戰指揮戰鬥時，中彈犧牲）的《輓歌》。刊登在 1947 年 8 月 26 日華東政治部出版的《戰士報》第四十四期上。當時，《戰士報》上有這樣一段記載：「輓歌聲聲悲，熱淚滴滴墜。」 1947 年 8 月 25 日上午九點鐘在鳴炮聲中，宣布開會，舉行了祭禮，宣讀了祭文，獻花圈，接著唱起了輓歌「親愛的馬師長……」歌聲和每個人的心房的跳動起了共鳴，陪祭人鄧政委落下了眼淚，站在行列裡的那團長、胡副團長、一位來賓老太太落下了眼淚。會

四平攻坚战歌

1 = C 2/4

```
5  5 | i6  53 | 2  2  55 | 1    16 | 1 1 16 | 5      5 |
可  恨   汉  奸  汉 好 真 可 恨   哪，   欺 压 中 国 人  哪，
打  倒   汉  奸  又 米 中 央 军   哪，   到 处 抓 壮 丁  啊，
攻  打   四  平  四 平 修 得 好   啊，   城 里 有 碉 堡  啊，
我  们   首  长  调 米 一 纵 队   呀，   夜 里 摸 四 平  啊，

56   53 | 2 |   2  31 |   2 | 13 |   22 | 62 |  16 |
欺压  中 国 人  哪， 打 人 民 骂 百  姓 啊  一 点  不 留
各处  要 劳 工  啊， 催 钱 粮 要 捐  款 哪  完 全  逼 百
城外  有 水 壕  啊， 反 动 派 说 大  话 呀  八 路  打 不
人人  都 高 兴  啊， 机 枪 扫 手 榴  弹 扔 呀  我 军  去 冲

5  5 | 31 |   2 | 13 |   22 | 62 |  16 | 5   5 |
情 啊， 打 人 民  骂 百 姓 啊  一 点  不 留 情  啊，
姓 啊， 催 钱 粮  要 捐 款 哪  完 全  逼 百 姓  啊，
了 啊， 反 动 派  说 大 话 呀  八 路  打 不 了  啊，
锋 啊， 机 枪 扫  于 榴 弹 扔 呀  我 军 去 冲 锋  啊。
```

▲「四平攻堅戰歌」曲譜

場上呈現出極度悲壯肅穆的氣氛。當歌聲飄蕩著：「我們沒有悲哀，我們只有怒吼！我們努力練兵，準備戰鬥，繼承先烈遺志，堅決為你們復仇！萬餘人都吐口長氣，握緊了自己的拳頭。」這段記載，充分地證明了《輓歌》在當時所起的作用。作者把《輓歌》的歌詞寫成兩段體。第一段作者懷著崇敬的心情，運用樸素的語言，讚頌馬師長和烈士們生前的智勇雙全、出生入死，為中國人民的解放事業而英勇善戰，立下的不朽功勛和高尚的品格，為戰士們樹立了學習的榜樣。第二段作者又以極度悲痛的感情，永別師長，悼念忠魂，描繪他們的光輝業績和革命精神，載入史冊，名傳千古。

（原載《东北日报》1946 年 5 月 21 日）

▲ 「保衛四平街」曲譜

建國後四平演藝舞台的勃興

解放初期，百廢待興。黨和政府對振興四平文化事業傾注了熱情和心血，此中包括加強對文化工作的領導，扶持民間文藝，建立文化機構和演出團體，培養和引進文藝人才，鼓勵藝術創新和表現時代，開展文藝會演推動藝術交流和精品創作等。在黨和政府的關心支持下，四平文藝舞台和劇種建設呈現了嶄新的面貌。

二人轉登上主流舞台

一九四八年，四平各縣相繼解放，一向為封建統治階級、民國官僚和日本帝國主義所鄙視摧殘的二人轉，一躍成為黨和政府所重視、扶持的人民喜聞樂見的民間藝術。梨樹藝人李財，首先領班入縣城王家茶館演唱。流落到外地的懷德縣二人轉藝人陸潤澤、姜喜山、劉忠、王金榮、王海林、張文煥、趙武等，紛紛返回故地，雲集公主嶺

▲ 二人轉演出劇照

定居，重新組建二人轉戲班。二人轉藝人一斗金、七巧樓、六枝兒等，這一年均進入四平街東市場演唱。一九四九年，為慶祝翻身解放，懷德二人轉藝人演出了《紅燈舞》《蘇軍救子》和秧歌劇《識字好》《上冬學》（石丹編劇）等。同年十一月，私人業主劉忠漢、劉榮富夫婦，在四平市鐵東南市場開設「勝利茶社」（俗稱馬家大院地方戲園子），專門接待二人轉戲班。他們最先接待的，是來自撫順的黃玉舫、陳芳、孫桂琴等一行的十人戲班，而後接了來自昌圖的關金華、關燕華姐妹戲班，還有來自開原的于興亞、王玉蘭、李坤、朱山戲

班。演唱的曲目有《西廂》《藍橋》《燕青賣線》《馬前潑水》等。

▲ 1960年年四平地區首屆二人轉例會

▲ 原地委主要領導在二人轉例會上觀看演出

▲ 時任地委副書記劉震海（左一）接見演員

後來，四平市政府文教科派出國家幹部姜恩，接管了這個戲園子，變為公私合營的四平市二人轉戲隊，不久改為四平市地方戲隊，由四平市評劇團團長靳雲章代管。日後固定下來的主要演員有王云龍、王秀榮（女）、王麗君（女）、劉啟祥、劉金香（女）、趙香久等。由於各地都在喜慶翻身解放，二人轉藝人也煥發出極大的熱情。當廣大農村城鎮紛紛成立業餘劇團的時候，許多民間二人轉藝人成為各縣、區劇團的骨幹。梨樹縣九個區，均成立了以民間藝人為骨幹的區辦小劇團。伊通縣各區小業餘劇團有二百多個。

四平進入二十世紀五〇年代後，二人轉藝術在黨的「百花齊放，推陳出新」方針指引下，空前增強了生機和活力。到五〇年代中期，在各地政府關懷下，四平、懷德、梨樹、雙遼、伊通均先後建立起民營地方戲隊，均派進國家幹部加強了領導，引導二人轉藝人學政治、學文化，提高思想覺悟，端正

表演作風。遵照吉林省戲劇研究室一九五六年召開的關於挖掘整理二人轉傳統劇目的會議精神，各縣開展了對二人轉傳統劇目的挖掘整理工作。于永江、王希安等從梨樹二人轉老藝人李財、傅生處挖掘出二人轉傳統劇目《大天台》《忠義廳》《狀元圖》等十幾齣，豐富了二人轉的上演劇目。為使二人轉藝術「推陳出新」，發展新二人轉，各縣、市地方戲隊在派進國家幹部的同時，第一次為地方戲隊充實了編導、作曲專業人員，從而結束了靠「口頭流傳」演唱二人轉的歷史。到五〇年代末，四平地區已

▲ 原省委主要領導上台接見演員

▲ 1986 年年全市二人轉新劇目觀摩評獎會會場

形成一支擁有二百餘人的二人轉專業隊伍，挖掘整理和新創作的二人轉劇目，如《一對金麒麟》《應徵》《一心為社》等一百餘齣，四平市地方戲隊在全省率先學演了吉劇《藍河怨》。

　　二十世紀六〇年代以後，四平地區的二人轉進入了令全省矚目的空前繁榮時期。在省、地黨政及文化主管部門高度重視、熱情關懷下，為了挖掘整理二人轉傳統劇目，豐富二人轉上演劇目，促進二人轉為農村服務、為現實生活服務，提高演出質量，加強二人轉團隊革命化建設，出人出戲，從一九六〇年至一九六六年「文革」前夕，四平專署文教處先後召開了全區二人轉工作者學習會、現代題材二人轉會演、二人轉團隊上山下鄉表彰會等達十一次。吉林省文化局一九六四年十二月、一九六五年十月在四平地區召開全省二人轉工作者學

習會，是吉林省二人轉有史以來的空前規模的盛舉，全省共有二十七個專業二人轉團隊近六百人參加。會議期間推廣了四平地區苗中一創作的拉場戲《鬧碾坊》、楊維宇創作的二人轉《李二嫂摔桃》等劇目。

▲ 1963年筱桂花演出「孟姜女」　　▲ 1963年「會計姑娘」中的王彩雲（右五）

評劇迎來一個嶄新的季節

建國後，四平地區評劇藝術，在「百花齊放，推陳出新」方針指導下，進入繁榮發展時期。一九五二年，四平、梨樹、雙遼、懷德、伊通均先後建成評劇團，使評劇這一地方劇種，在四平地區普遍紮根。在當地黨委和人民政府的領導下，派黨政幹部、戲曲專業幹部進入劇團，領導戲改工作，發展評劇事業。四平的靳雲章、周永貴、李樹德、孫興，都是最早派進評劇團的國家幹部，在進行戲劇改革發展評劇事業上做了貢獻。一九五二年，筱桂花參加四平市評劇團。相繼又吸收了青年女演員桂靈芝、劉曉霞、王彩雲、鳳鳴蓮、劉乃玲，小生張小樓、陳實、老生馬儒元、小花臉劉鶴影等。梨樹有主演李桂芝、陳剛，懷德有孫桂賓等。遵循戲改政策，對舊戲注意刪除有毒害的思想內容，自覺停演中央明令禁演的劇目，並逐步清除野蠻的、恐怖的、猥褻的以及淫蕩色情、低級趣味的內容與表演。四平市評劇團，在整理改變傳統劇同時，大力

排演新編現代戲和古裝戲，並注意移植上演姊妹劇種的優秀劇目《王少安趕船》《岳宵醉酒》，並重新整理上演了代表劇目《孟姜女》，又排演《張羽煮海》《百花台》《陳妙常》《秦香蓮》《百歲掛帥》《楊金花奪帥印》《紅樓夢》等數以百計的古代戲和現代戲。一九六三年四平評劇團到達安徽省古徽州的休寧縣演出，並扶植該縣創建評劇團。

▲ 1955 年年鳳鳴蓮主演「春香傳」合影

▲ 1984 年王彩雲（右）飾演「鳳凰錯」

▲ 1963 年年四平評劇團到達安徽省古徽州的休寧縣演出，並與該縣縣領導及評劇團演員合影，二排右六為筱桂花

吉劇新苗破土而出

吉劇是一九五九年初吉林省在東北二人轉的基礎上，創建的具有吉林特色的戲曲劇種。其唱腔結構以柳調、嗨調兩種聲腔的板式變化為主體，兼用曲牌專調，伴奏以板胡、嗩吶為主。吉劇的表演藝術，是在二人轉「四功一絕」的基礎上，廣擷其他劇種之長而成，具有濃厚的地方特點。

一九五九年吉劇初創時期，文化主管部門和地方戲演出單位傾注了熱情，集中編導和演出力量，下決心讓新生的吉劇紮根在四平舞台。他們認真研究吉劇的唱、舞、念白、絕活等基本技法，一招一式都做得十分認真。四平市曲藝團地方戲隊即學演了第一個實驗劇目《藍河怨》。同年秋於四平曲藝劇場、藝術劇場，以「新劇種」的名義公演，使觀眾耳目一新，頗受歡迎，並成為經常上演的劇目。四平市曲藝團地方戲隊，是演唱吉劇最早的藝術團體。

▲ 杜蓮榮演出「天仙配」

黃梅戲，越劇陶冶四平觀眾

　　黃梅戲、越劇作為「南花北移」的成果，由四平文藝工作者引進。因其唱腔、表演具有濃郁的南國風韻，故在四平也受到相當多觀眾的喜愛。老一輩人說，在北方聽到黃梅、越劇的唱腔和吳儂軟語的道白，也是一種享受。一九六二年組建的四平市黃梅戲劇團、四平市越劇團在四平人民藝術劇院的舞台上，先後向全市人民演出了黃梅戲《打豆腐》《春香鬧學》《木匠迎親》，越劇《梁山伯與祝英台》《百花公主》《王老虎搶親》《孔雀東南飛》《三斷胭脂案》《謝瑤環》等，四平觀眾反響很好。由呂樹坤、王仁安、戴辛冬、岳鐵成等改編製作的大型黃梅戲《年輕的一代》，表現了革命化的主題，演出近百場。現代黃梅戲《豹子灣戰鬥》《革命青春的讚歌》，大型越劇《杏花幾時開》《紅色娘子軍》，在市內、省內產生很大反響。劇團對兩個劇種的唱腔設計、作曲、舞美等方面，也下了很大功夫。尹德明、陳大明等舞美人員自製了舞台幻燈，開闢了越劇布景製作的新途徑。

▲ 老師教「碧玉簪」學員唱腔

京劇在四平的繼承創新

　　四平的京劇，是隨著河北梆子的傳入而被認同的，雖然沒有成為四平的主要劇種，但其流傳亦很久遠。約從一九一六年以來，先後加入四平、公主嶺、鄭家屯戲班演唱京劇的演

▲ 嚴鳳英（左二）輔導四平黃梅戲劇團排練

員，有金柴玉、鑫良璞、石月樓、張文清、白玉昆、王虎臣、方榮祥、周亞川等。他們在繼承、發展京劇生、旦、淨、末、丑的各行表演藝術上，都有所成就，為四平地區京劇藝術的繁榮，增添了光彩。

▲ 1962 年四平藝術學校全體人員合影

新中國成立以後，國家著名京劇表演藝術家唐韻笙、管韶華、荀慧生等先後到四平、雙遼等地演出。他們各派的表演藝術，都有了新的改革和創新，為廣大觀眾所歡迎，對京劇在四平的普及，起到積極的作用。

鋼鐵京劇團，是一九五〇年二月中國人民解放軍東北總政治部直接領導的「解放京劇團」，轉業到地方，由四平市總工會接收。演員四十餘人，團址在道里仁興旅社樓上，曾在四平、公主嶺、雙遼演出。一九五〇年八月撤銷。

四平京劇團在一九五九年七月建立，屬於全民所有制。建團初，有著名演員九齡童（于仲伯）、王潔瑩等人。相繼邀請來刀馬旦謝雪紅、黃湘琴、筱凌雲，以及梅派男旦角於志清

▲ 老師教「碧玉簪」學員唱腔

▲ 京劇舞台異彩紛呈

等京劇名家，充實了演員陣容，豐富了上演劇目，擴大了影響。四平市京劇團也排演了現代戲，曾移植歌劇《洪湖赤衛隊》，根據話劇改編的現代京劇《降龍伏虎》等，有很大影響。一九六二年六月京劇團撤銷。

▲ 1959 年四平人民藝術劇院話劇團主要演員合影

話劇是四平演藝舞台上的一支勁旅。話劇原是一種西方的舞台藝術形式。中國人演出的最早的話劇，是在辛亥革命（1911 年）的前夕。當時，知識青年鑒於清朝日趨腐敗，國家遭受侵略，面臨著被列強瓜分的危機。為了喚起民眾共同救國，有的從事於革命的政治活動，有的寫政論，有的利用小說、詩歌宣傳愛國。辛亥革命後十年中極為繁盛。當時並不叫「話劇」，而是叫「新劇」，也稱「文明新戲」。「話劇」這個名稱是在一九二七年由田漢同志建議才改用的。

四平的話劇，興起稍晚。一九四二年冬，特邀汪偽的「新中國」上海影業公司著名小生演員白雲和著名滑稽演員尤光照組成的「白雲劇團」，一行十餘人，來四平訪問演出，演出地點為道裡五馬路鐵路俱樂部，演出節目是風行一時的影片《唐伯虎點秋香》的「三笑」，即從電影移植到戲劇舞台上的一種模擬話劇表演。

一九四四年，四平興亞醫院（私立）

▲ 《赤道戰鼓》主演張岱君（1965 年）

醫生鄒興亞（曾用名鄒殿武，藝名鄒伶，今名鄒雷）組建興亞話劇團。鄒自任

團長、編劇及導演。其他成員多為公務人員，共三十人左右。專演話劇，屬業餘性質，有時也賣票，存在約一年。

青年愛國劇團，是在一九四五年抗戰勝利後，由中蘇友協組建的進步演出

▲　《第二次握手》（1978 年）

▲　《特別代號》導演苗向陽（1979 年）

▲ 《郭松齡反奉》主演賈鳳森（左一）（1985 年）

▲ 《西安事變》宋平飾蔣介石，李長英飾宋美齡
（1983 年）

團體，屬業餘性質。曾在今道裡電影院舊址演出話劇《花轎前奏曲》《放下你的鞭子》《劉公館之夜》等劇目。大約活動兩三個月，一九四五年十二月解散。

四平市話劇團一九五九年成立，隸屬四平市人民藝術劇院。多年來，話劇團演出《秋海棠》《雷雨》《赤道戰鼓》《霓虹燈下的哨兵》《南方來信》《千萬不要忘記》《兵臨城下》《煤海深仇》《東風頌》《邊哨風雲》《年輕的一代》《於無聲處》《西安事變》《特別代號》《第二次握手》《香港大亨》《一雙繡花鞋》《少帥傳奇》《高山下的花環》《時裝圓舞曲》《野人之謎》《雷鋒之歌》等近百個劇目。《少帥傳奇》在天津演出時，張學良的胞弟張學銘，看後同演員座談，合影留念。同年十二月在北京公演時，中央電視台予以錄像並向全國播放。

▎四平市舉行筱桂花演劇生活四十週年紀念會

筱桂花獻身評劇藝術的可貴精神，受到了黨的關注和廣大人民群眾的讚揚。一九六二年二月「筱桂花演劇生活四十週年紀念會」在四平市隆重開幕。在評劇史上，這是第一次為評劇藝術家舉行如此隆重的盛會。

這個紀念會是由省文化局、劇協吉林分會、四平市文化局聯合舉辦的。從一九六二年一月十日起，先後在四平、長春兩地召開了紀念會，並舉行了紀念演出。

一月九日，前來參加紀念會的客人陸續抵達四平。他們有中國評劇院院長、劇作家、導演胡沙，藝術處長、戲曲音樂家賀飛，一團團長陳懷平（女），劇作家安西，導演張瑋（女）、李肖（女），著名演員喜彩春（女）、喜彩蓮（女）、花月仙（女）等，天津評劇院演員成兆才的關門弟

▲ 1962 年 1 月，筱桂花（左）在「演劇生活四十週年紀念會」上接受時任吉林省文化局副局長劉西林頒發的榮譽狀

子六歲紅（孫芸竹，女），曾於「元順戲社」傍李金順的小生筱月明，遼寧戲校校長、評劇創始人之一金開芳，評劇創始人成兆才的嗣子、早期著名小生成國禎，北京戲校教師小白菜（李忠），筱桂花少年夥伴筱菊花的丈夫張瑞臣，地質部評劇團演員鄭伯范，哈爾濱評劇院院長、戲曲音樂家凡今航，以及吉林省評劇前輩名家劉豔霞、李岱（李小舫）、唐鶴年、筱荷花、花秦樓、杜文彬、孫桂賓等。其中除胡沙、賀飛、陳懷平、張瑋、李肖等係延安時期的藝術工作者進入評劇界的藝術家之外，多為評劇史上卓有成就的名流。其中多在不同歷史時期，分別與筱桂花共藝。他們在數十年的藝術生涯中，結下了深厚的

情誼。此時，從四面八方為趕赴評劇史上這一盛會，匯聚在小城四平。千里有緣來相會的故友，都有說不完的離情別緒。在賓館的房間裡和廳堂內外，客人們三三兩兩暢談以往，歡聲笑語此起彼伏。金開芳、小白菜（李忠）是評劇初創時期的男旦，成國禎是傍他們的小生。他們歡聚的話題，總是以切身經歷說起評劇開創歲月的艱辛，到筱桂花盛會的榮耀。喜彩春、喜彩蓮、筱月明、李岱，他們在二十世紀三〇年代初都曾在李金順的「元順戲社」從藝。憶起三十年前的往情，無不為李金順藝術的夭折而痛惜，同時更讚美他們同代女藝人筱桂花的敬業精神。

一月十日，紀念會在四平市委禮堂隆重開幕。當晚，進行別開生面的紀念演出和祝賀演出。紀念演出，是由各地到會的名流與筱桂花聯袂演出；祝賀演出，則由蒞會名流間聯袂演出。參加紀念演出與祝賀演出的名流有：中國評劇院的喜彩蓮、花月仙，天津評劇院的六歲紅、筱月明，北京戲校的李忠，地質部評劇團的鄭伯范，以及省內的劉豔霞、孫桂賓、李岱、唐鶴年、筱荷花、杜文彬等。先後演出《打狗勸夫》《桃花庵》《珍珠衫》。

▲ 1962 年 1 月，筱桂花（右）在「演劇生涯四十週年紀念會」上演出《打狗勸夫》

紀念演出與祝賀演出，均在四平市工農兵劇場（後更名藝術劇場）舉行。先由筱桂花與喜彩蓮紀念演出《打狗勸夫》，筱桂花扮演二旦桑氏，喜彩蓮扮演大旦張氏。彩蓮素以清新高雅的演唱風格見長，與筱桂花粗獷奔放的演唱風格融為一體，使這場演出別具藝術風采。紀念演出的《桃花庵》更具有特殊的歷史意義。因為，此次陪同桂花演唱者唐鶴年、筱荷花、李忠、筱月明、杜文彬等，都曾陪她演唱過此劇。現在，又在六〇年代初，在吉林省的四平、長春，以他們所扮演的不同行當的角色，陪同筱桂花一

展傳統藝術中的丰姿多彩，可謂是一次評劇可貴的文物博覽。祝賀演出，是由與會的賓客中名流聯合演出的《珍珠衫》，由喜彩蓮、花月仙、六歲紅，孫桂賓先後換演主角王三巧，真是各種藝術流派匯聚一堂，爭芳鬥豔，異彩繽紛。在這齣戲裡，各個角色發揮得淋漓盡致。

　　一月十三日，紀念會轉入長春，在工人文化宮進行紀念演出和祝賀演出。「筱桂花演劇生活四十週年紀念會」是評劇史上一次空前盛會，是對筱桂花獻身評劇事業，努力為人民服務的一次最高獎賞，在中國評劇發展史上留下了光輝的一頁。

四平二人轉首次亮相京城獲好評

　　一九八七年七月二十二日，應文化部、中國曲協邀請，四平市民間藝術演出團一行四十七人進京匯報演出，在西單劇場演出三場，推出二人轉《雙趕集》《美人杯》《鬧發家》《春宵變奏曲》，拉場戲《老男老女》等五個現代戲和《潘金蓮》《鳳儀亭》《臥龍求婚》三個傳統戲。中央人民廣播電台、中央電視台、中國唱片社、中國音像出版社分別作了錄音錄像。

　　七月二十五日晚7點，文化部領導同志在北京西單劇場，觀看四平市民間藝術演出團的進京匯報演出。當晚演出了二人轉《雙趕集》《鬧發家》《潘金蓮》，拉場戲《老男老女》。演出結束後，部領導接見了演出團全體成員，並與演員合影留念。

▲ 赴京匯報演出的部分二人轉演員

文化部領導指出，二人轉大約有二百年的歷史，二百年來它之所以能夠跟著時代的節拍不斷向前發展，與二人轉自身就是一個開放的體系有關。它有很大的胃口，適合的就吞進來，不適合的就吐出去。群眾常說，二人轉是民間的一個野丫頭，不信邪。二人轉有這個特點。由於它日益發展，並與現代觀眾離得很近，所以它才能成為不隔語、不隔音，更重要的是不隔心的一朵民間藝術之花！七月三十日，四平二人轉進京匯報演出圓滿結束，於七月三十一日上午回到長春。為了歡迎演出團載譽歸來，省文化廳於當日下午在長春音樂廳舉行了茶話會，表示祝賀。

此外，在京演出期間，時任曲協副主席羅楊還為演出團的演出主持召開了有在京全國曲藝界、戲劇界、新聞界知名人士和專家學者三十餘人出席的座談會，許多同志的發言，都對演出團的匯報演出給予了高度評價。中央電台、中央電視台、中國唱

▲ 中央廣播藝術團姜昆（中）和演員在一起

片社、中國音像出版社還分別為演出團錄了音、錄了像、灌製了唱片、錄製了盒式錄音帶。

這次匯報演出的成功是四平市文藝史上的一個創舉，是二人轉創作演出中的突破，具有深遠的意義。它不僅擴大了二人轉的影響，提高了二人轉的地位，為宣傳四平、振興四平做出了貢獻，而且為四平人民和吉林省人民爭了光。

四平市首屆二人轉藝術節成果豐碩

　　一九九二年五月十六日，吉林省第十一屆二人轉新劇目評獎推廣會暨四平市首屆二人轉藝術節在四平開幕。全省八個專業演出團五六〇餘人參加演出。四平市推出的首屆二人轉藝術節，創新了演出和賽事組織機構，開闢了文經結合的一條新路。

　　整個藝術節，堅持了文藝為人民服務，為社會主義服務的方向，突出了以下幾個特點：一是專業二人轉演出同業餘二人轉演出相結合。這次藝術節除了省內六個地區和省民間藝術團、省戲校八個演出團演出九台四十七個新劇目外，還有四平市農民劇團和民間藝人的演出活動。二是會內二人轉演出評比與會外群眾文化活動相結合。大會除了二人轉演出，進行二人轉理論研究外，四平市還組織了二人轉成果展、農民書畫作品展、電影匯映、粉筆畫一條街、廣場健身操比賽、秧歌表演、綵燈展覽、農科圖書展銷等豐富多彩的群眾文化活動。三是文化活動與經貿活動相結合。在舉辦各種文化活動的同時，還組織了大連、揚州、煙台、四平四城市聯誼會，地方產品、地方風味一條街展銷和一系列經貿洽談訂貨活動。這次由社會各界廣泛參加的大規模社會活動，聲勢之大、範圍之廣、反響之強烈都是空前的。盛會期間，來自文藝界、經貿界、新聞界和友好城市的賓客二千餘人，雲集四平，共度佳節。會內會外，群情沸騰，鄉音悅耳，色彩紛呈，經貿活動喜訊頻傳，洽談展銷十分活躍。各工商企業紛紛走上街頭，做廣告，設攤床，熱鬧非凡，充分表現了四平人民群眾熱愛家鄉、建設家鄉的高度熱忱和改革開放、發展商品經濟的強烈意識。

▲ 四平市首屆二人轉藝術節演出劇照

四平話劇三次進京演出

四平地區話劇團首次進京演出「少帥傳奇」

一九八二年七月，四平地區話劇團（現四平市話劇團的前身）在「振興話劇團，衝出東北，進入北京，走向全國」的口號鼓舞下，全團上下，同心合力，以一個月的時間，排出了八場話劇《少帥傳奇》（又名《皇姑屯炸車案》）。該劇的領銜主演為趙志勇。該劇由李政、趙雲聲編劇、丁尼（特邀）任導演、苗向陽任副導演。

話劇團考慮《少帥傳奇》所描寫的人物和事件均發生在遼寧省瀋陽，故決定首先在瀋陽市公演。首場演出後，出乎意料，大獲成功。話劇團僅在遼藝劇場一處就連演了六十六場，歷時一個半月，打破了劇場多年不景氣的局面。

去北京途中，又在天津市新興影劇院演出了十八場。首場演出，天津市委、市政府和市政協的領導看了戲，並接見了演員。張學良的胞弟張學銘先生也應邀看戲，並同演員合影留念。

一九八二年十二月二十九日，是個不平凡的日子，四平地區話劇團首次進了北京。十二月三十日，話劇團徵得中央黨校主持工作的教育長宋振庭的同意，在黨校禮堂進行首場演出。看戲的有中央領導同志二五〇多位，地方領導同志三五〇多位。

▲ 張學良將軍胞弟、時任全國政協常委張學銘（中）觀看演出

一九八三年一月八日，時任全國政協副主席劉瀾濤和原中央黨校校長楊獻珍等有關領導同志看完《少帥傳奇》劇錄像後，同意並決定在政協禮堂演出。領導同志看戲以後，認為該劇既

▲ 《少帥傳奇》劇組與原國家主席劉少奇夫人王光美（中）合影

▲ 話劇《少帥傳奇》晉京演出劇照（1982 年 12 月）

▲ 話劇《少帥傳奇》晉京演出劇照（1982 年 12 月）

傳奇》連環畫。

四平市話劇二次進京，「孔繁森」享譽京城

尊重了史實，又進行了藝術概括，構思巧妙，情節生動，較成功地塑造了以張學良將軍為代表的仁人志士為捍衛國家主權、維護民族獨立、與日本軍國主義及其走狗作鬥爭的藝術形象。時任政協副主席、民革中央副主席錢昌照應《戲劇電影報》的記者採訪時，開頭便連連點頭說：「看了戲，如見故人，如見故人！扮演張學良這個演員演得不錯，氣質神態，很接近本人。」

話劇團在京的演出，引起了新聞單位的重視，中央人民廣播電台、北京人民廣播電台錄了音，中央電視台錄了像。《人民日報》《北京日報》《中國青年報》《北京晚報》《戲劇電影報》和《新觀察》（第四期）都先後發表了文章和劇照。《劇本》月刊二月號發了《少帥傳奇》腳本和劇照。香港《文匯報》《大公報》也發表了文章和照片。天津人民美術出版社出版了《少帥

一九九五年六月二十三日，四平市話劇團《孔繁森》劇組一行四十五人專程赴京匯報演出。六月二十六日在北京舉辦了《孔繁森》演出發布會。六月二十六日，在北京工人俱樂部舉行了首場演出。其後，又應中央辦公廳邀請，在中南海警衛局禮堂為中

▲ 《孔繁森》主演趙志勇（左）接受中央電視台《焦點訪談》記者採訪

央直屬機關領導演出專場。時任全國人大副委員長布赫、王光英，中組部長張全景，文化部長劉忠德、副部長高占祥等領導，分別觀看演出。

▲ 話劇《孔繁森》晉京演出劇照（1995 年）

▲ 話劇《孔繁森》晉京演出後，原文化部常務副部長高占祥（右一）接見演員

中央電視台新聞聯播、焦點訪談均報導了專題新聞，稱四平市話劇團「演孔繁森、學孔繁森、做孔繁森」「四平劇團給京城人民送上了一台好戲」。文化部副部長劉德友在接見演員時說：「我流著淚看完了這個戲，受到了深刻的教育，它告訴我們應該怎樣做一個優秀的共產黨員，怎樣做人民的公僕，怎樣做一個人！正因為有孔繁森這樣優秀的人民公僕和楷模，才把黨的光輝和溫暖帶給了西藏邊疆地區，它照亮阿里，照亮了西藏，照亮了全國。」（見《光明日報》1995 年 7 月 8 日）

四平市話劇團《孔繁森》劇組結束了在京演出後，轉赴河北、河南、廣西、廣東四省三十多個城市，共演出近三百場，歷時四個多月，於一九九五年十一月七日返回四平，獲得了社會效益和經濟效益雙豐收。

一九九七年，在香港回歸祖國這一歷史性的時刻，四平市話劇團創作了大型近代歷史劇《九龍吟》。劇本是以一八八九年，香港九龍軍民在水軍提督賴恩爵的帶領下英勇抗擊英軍，最後竟有五百軍民用血肉之軀堵塞住城門，成功地保住了九龍，在香港這塊英國殖民地上留下了一塊屬於中國主權的飛地，成為香港屬於中國的地標式見證的史實編寫的。此劇成功塑造了大清水師提督賴恩爵及其如夫人、愛國官兵、九龍居民、俠義海盜等眾多感人的形象。編劇李桂仲，導演驪子柏（特邀），主演趙志勇、劉永生、遲紅梅。六月三十日，《九龍吟》一劇在人民劇場舉行了首演，市五個班子領導到場觀看，鼓勵大家演好《九龍吟》，創出品牌。

一九九八年六月二十三日，在建黨七十七週年、香港回歸一週年之際，受文化部和中國劇協的邀請，四平市話劇團攜《九龍吟》一劇進京獻演，獲得成功。演出當晚北京電視台就播放了實況。之後，北京及國內外媒體《北京晚報》《中國文化報》《中國教育報》《中國新聞》《鏡報》《星島日報》，美國《僑報》都發了消息和評論。《人民日報》以「氣勢恢宏的歷史畫卷」為題發表了長篇評論。此劇在京演出，深受觀眾的歡迎和專家的好評，很多人現場流下了激動的淚水。劇場也是考場，挑剔的北京觀眾不僅沒有一個中途退場，劇場中還出現了淚水與笑聲同在、掌聲與喝采齊飛的動人場面。北京的一位專家說，北京觀眾在看戲曲時喝采是常事，但看話劇叫好還是頭一次。

▲ 《九龍吟》節目單

二〇〇〇年七月，在香港回歸三週年之際，中央電視台第 8 頻道對《九龍吟》予以全部播出。

▲ 話劇《九龍吟》晉京演出劇照（1998 年）

▎英雄城音樂會的產生和延續

初創時期的三屆英雄城音樂會

　　1960 年第三次全國文代會後，從中央到地方都進一步明確了文藝為工農兵服務、為社會主義服務的方向，通過 60 年代初的反修、社教等激發出來的政治熱情，反映在文藝生活上，主要是大唱現代革命歌曲，用以謳歌時代、激勵鬥志，大街小巷都在唱《社會主義好》《我們走在大路上》《我為祖國獻石油》《紅梅贊》等節奏明快、旋律高亢的革命歌曲。機關、廠礦、部隊、學校也都在有組織地教唱、學唱這些膾炙人口的新歌。到 1964 年，「大唱革命歌曲」在四平市城鄉已形成一股強勁的潮流。

　　1965 年 4 月 26 日，第二屆英雄城音樂會在四平劇院舉行，歷時 3 天。來自四平市各機關、學校、工廠、鐵路、衛生、街道、農村公社大隊的 40 多個單位的 500 多名文藝骨幹，演出 80 多個節目、200 多首革命歌曲。自編自演的節目占三分之一。其中四平市薄板廠一線工人的表演唱、街道 107 名老大娘

▲ 1966 年四平市第三屆英雄城音樂會開幕式

的合唱《永做革命人》等節目，反響強烈。

1966 年 8 月 2 日，在「文革」風雲驟起之際，四平市第三屆英雄城音樂會在工農兵劇場（四平劇場）開幕。四平市黨政領導出席並觀看演出。全場觀眾達 1300 人，參加開幕式演出的是四平市工業系統職工和郊區社員。演出了齊唱、表演唱、詩歌聯唱、管樂、民樂合奏等 23 個節目、60 首歌和樂曲。

1976 年後的 6 屆英雄城音樂會和 2 屆東遼河之歌演唱會

四平市在 1976 年至 1983 年共舉辦 6 屆英雄城音樂會，主辦單位均是四平市文化局，承辦單位是四平市文化館。

1981 年 4 月，由四平地區總工會、地區文化局、地區群眾藝術館、地區音樂舞蹈協會發起舉辦了全地區創作歌曲演唱會，7 個市、縣均有代表隊參加。1981 年春經積極策劃和籌備，於 6 月 25 日舉辦了慶祝建黨 60 週年「新聲」音樂會暨第一屆

▲ 第二屆東遼河之歌演唱會小合唱《二龍湖美》

「四平地區東遼河之歌演唱會」。1982 年舉辦四平地區廣播歌曲演唱比賽會。1983 年 5 月 23 日舉辦了第二屆東遼河之歌演唱會，四平地區 7 個市、縣的代表隊雲集四平，在人民劇場展開賽事，演唱（奏）歌曲樂曲 83 首，並由主辦單位進行了表彰。

地市合併後舉辦的七屆英雄城音樂會

1984 年，四平市音樂創作活躍。詞、曲作者經過集中培訓，水平有較大提高。已編印的 8 期《四平新歌》，彙集了全區音樂創作的成果。群眾性音樂演唱活動蓬勃開展。1984 年 9 月 19 日至 21 日，地市合併後首屆英雄城音樂會在人民劇場舉行。主辦單位為中共四平市委宣傳部、市文化局等 5 個部門。懷德、梨樹、伊通、雙遼、鐵東、鐵西 6 個縣區 400 多名演職人員表演了 3 台

節目，共演唱（奏）中外歌曲、樂曲 164 首，其中原創歌曲 90 首，王琨等 11
人被命名為四平優秀歌手，《理想在鈴聲中昇華》等 11 首歌曲獲創作一等獎。

▲ 英雄城音樂會演出照

從 1984 年起，每兩年舉辦一屆英雄城音樂會。由市文化局組織實施，以縣（市）、區為單位派出代表團，集中在四平舉行公演。按規定演出節目的百分之五十應為原創歌曲，經大會組委會評選出一、二、三等獎，以及優秀獎、創作獎、組織獎。

1986 年 9 月 16 日至 18 日，第二屆英雄城音樂會在人民劇場舉行。市直及 6 個縣（市）、區參賽演職員 254 人，演唱歌手 92 人，演唱原創歌曲、自選歌曲 194 首。

1988 年 9 月 27 日至 29 日，第三屆英雄城音樂會開幕。駐軍炮團銅管樂隊為開幕式演奏樂曲。29 日晚綜合場演出，市領導蒞會觀看。張光妹獲美聲一等獎，徐燕獲通俗唱法一等獎，梁學華獲民族唱法一等獎。

1992 年 9 月 27 日至 29 日，第五屆英雄城音樂會舉辦。鐵西區代表團首

▲ 鐵西區代表隊演出舞蹈《東北花鼓》

場演出，陣容宏大，氣氛熱烈。29 日晚綜合場演出，兼賀國慶，19 名歌手獲演唱獎，27 首歌曲獲創作獎，37 個節目獲表演獎，15 人獲優秀組織輔導獎，5 個演出團體獲節目綜合獎。

1994 年 9 月 26 日

至 28 日，第六屆英雄城音樂會暨國慶 45 週年「糧食杯」文藝會演在人民劇場舉行。此次音樂會改縣（市）、區組隊為自由組合。參賽隊 18 個，演職員 1000 多人，演出節目 120 個，產生個人表演獎 25 個，節目演出獎 25 個，創作獎 22 個，綜合演出獎 9 個，優秀組織獎 28 個，特別貢獻獎 9 個。

1996 年 9 月 27 日至 28 日，第七屆英雄城音樂會暨企業職工文藝會演在人民劇場舉行。參賽代表隊 19 個，參賽人員 1040 人。共評出個人表演獎 26 個，創作獎 12 個，節目獎 26 個，綜合獎 8 個，優秀組織獎 19 個。董春明等 7 人獲個人一等獎，魏昌玉等 9 人獲個人二等獎。28 日晚綜合場匯報演出，多位市領導蒞席觀看並頒發獎狀和證書。

從 1984 年至 1996 年，七屆英雄城音樂會共推出創作歌曲 640 首，推出優秀歌手 150 餘人，推動了四平市的音樂創作和群眾性歌詠活動，提升了四平文化品位和群眾欣賞水平。

▲ 英雄城音樂會演出器樂合奏北京

▌「四戰四平」革命文物陳列的由來和發展

「四戰四平」的革命史實

　　「四戰四平」發生在全國解放戰爭期間。四平因處東北平原的中部，中長、平齊、四梅三條鐵路線貫穿而過，重要的戰略位置，使其成為兵家必爭之地。從一九四六年三月至一九四八年三月，中國共產黨領導的人民軍隊同國民黨軍隊先後四次在四平交戰，人民軍隊以重大犧牲贏得最終勝利。四次作戰，雙方投入兵力之多、作戰時間之長、戰況之慘烈、傷亡人數之眾，在中國人民解放戰爭史上是屈指可數的。特別是四平保衛戰和四平攻堅戰，震驚中外。四戰四平是全國解放戰爭中的重要歷史事件，在全國解放戰爭中占有重要地位。

▲ 三戰四平中攻占「大紅樓」的東北民主聯軍

一戰四平又稱四平解放戰，發生在 1946 年 3 月。抗戰勝利後，東北出現權力真空。中共中央及時調整，確定向北發展向南防禦、建立鞏固的東北根據地的戰略方針，派二萬幹部十萬軍隊進入東北，成立中共中央東北局和東北人民自治軍。1946 年 1 月東北人民自治軍改稱東北民主聯軍。與此同時，蔣介石要獨占東北，也積極向東北進兵。四平因其在軍事上的重要價值，1946 年 1 月國民黨派遣接收大員劉翰東進駐四平並成立國民黨遼北省政府，收編日偽殘餘武裝和土匪，組建保安部隊及警察部隊，盤踞四平，等候國民黨正規軍北上接收。東北民主聯軍總部於 3 月 14 日決定對其占領，六千餘人參加戰鬥。3 月 15 日，東北民主聯軍攻占四平西郊飛機場，17 日，向城區發起攻擊，僅十小時即占領四平，生俘國民黨遼北省政府主席劉翰東，其部下 3 千餘人被殲俘。

　　二戰四平又稱四平保衛戰，也稱「四平防禦戰」。發生在 1946 年 4 月。此時國共兩黨在重慶就東北停戰問題進行談判。東北民主聯軍占領四平的第二天，國民黨軍即從瀋陽出發向北進攻。東北保安副司令長官鄭洞國、梁華盛親臨前線指揮督戰。中共中央做出了「全力解決控制四平街地區，如頑軍北進時徹底殲滅之，決不讓其向長春前進」的指示。東北民主聯軍總司令林彪率指揮部人員進駐四平西北二十華里的梨樹縣城指揮作戰。大戰從 4 月 18 日開始，林彪先後調集十四個師旅守備四平長達百餘里的防線，國民黨軍先後集中十個整師的精銳部隊向四平猛烈進攻。期間毛澤東發來電文「四平守軍甚為英勇，望傳令獎勵；請考慮增加一部分守軍（例如一至兩個團）化四平街為馬德里」，極大地鼓舞了守城將士的信心和士氣。之後國民黨軍不斷增員，東北民主聯軍在傷亡增大的情況下，為避免被動，於 5 月 18 日主動撤離四平。

　　三戰四平又稱四平攻堅戰，發生在 1947 年 6 月。東北民主聯軍在強大的夏季攻勢的第二階段，決定攻取四平。6 月上旬，完成對四平的包圍部署。11 日開始外圍戰，14 日晚發起總攻。先後投入九個師的兵力與國民黨守軍 34000 人浴血奮戰十九個晝夜，逐街逐巷爆破攻堅。在缺乏攻城經驗的情況下，以極

為頑強的鬥爭意識拚死爭奪，占領國民黨守軍指揮中樞七十一軍軍部，攻城過半，殲敵大半。與此同時，長春、瀋陽方面國民黨軍出動十個師來援。東北民主聯軍因傷亡過大，為避免被敵合圍，於 6 月 30 日撤出四平。

四戰四平又稱四平收復戰，軍中也稱第二次四平攻堅戰。1948 年 3 月初，東北人民解放軍集中三個縱隊及砲兵主力共十個整師再攻四平。2 日展開外圍戰，經七天激戰，掃清外圍。12 日總攻，採取多路突破，向心作戰的戰術，經二十三小時戰鬥，全部殲俘四平守軍 19000 餘人，收復四平。

與「四戰四平」有關的紀念活動

1948 年 4 月，四平軍事管制委員會把「中央公園」改為「烈士公園」。1948 年 8 月 26 日，中共四平市委、市人民政府舉行仁興街命名大會，以紀念為解放四平而犧牲的東北民主聯軍七縱隊一師師長馬仁興烈士。1949 年 1月，根據東北行政委員會、東北軍區關於修建解放烈士紀念塔的命令，遼北省政府成立了紀念解放四平烈士修建工程計劃委員會，統籌修建解放烈士紀念塔、仁興路、仁興體育場、烈士陵園、解放公園事宜。郭峰、閻寶航、楊易辰、高鵬、於文清、張學文、陳鳳池七人為委員，閻寶航為主任。下設工程籌備處。聘請萬毅、劉震、李天祐、韓先楚、鄧華、洪學智、鐘偉、陶鑄、聶鶴亭、袁昇平為名譽委員。1950 年 5 月 7 日，中共四平市委書記魏奇、市長周健為解放烈士紀念塔奠基，建塔工程開工，於 1953 年 6 月 30 日竣工。1955年 5 月 28 日，經中共四平市委、市人民政府決定於 1953 年開始建造的東北人民解放軍戰士銅像，經二年多的努力在四平市烈士公園（兒童公園）內建成。像高 2.5 米，重 1.5 噸，基座高 2.2 米，周圍護欄由 20 根圓柱組成。建築面積144 平方米，銅像廣場占地面積 4900 平方米。1958 年 3 月 13 日，中共四平市委、四平市人民委員會舉行四平解放十週年慶祝大會，黨政機關幹部、各界代表、駐軍部隊千餘人參加。首先祭掃四平解放烈士紀念塔和烈士墓，隨後召開大會。市長殷文正、駐軍副司令員凌少農先後在大會講話，號召黨員幹部、全市人民做好工作搞好生產，以實際行動紀念烈士英靈。1958 年 7 月 11 日，

中共四平市委常委會議討論紀念「八一」活動方案，決定對人民群眾進行革命傳統教育和國防觀念教育，大力宣傳四平解放的光輝歷史和光輝事蹟。1958年10月1日，四平市展覽館成立，把徵集陳列四平戰役文物列為基本職能之一。1961年4月13日，四平解放烈士紀念塔、東北人民解放軍英雄銅像被吉林省人民委員會公布為吉林省第一批重點文物保護單位。1961年，四平市展覽館改為四平市博物館，1963年又改為四平戰役紀念館籌備處，1965年又改為四平市展覽館，1973年恢復四平市展覽館。1976年又改為四平市革命紀念館，1978年四平市革命紀念館百餘件文物參加了吉林省文物聯展。1980年四平市革命紀念館又改為四平市博物館。1981年8月，四平地區博物館成立。1984年2月原四平市博物館與四平地區博物館合併為四平市博物館。1985年10月10日四平市博物館編輯出版了《四戰四平》第一集。

「四戰四平文物陳列」從醞釀，內容大綱設計到陳列實施

「四戰四平」文物陳列從二十世紀六〇年代初就開始徵集與之有關的實物、信函、圖片，後因「文革」而中斷數年。七〇年代後期已有相當的積累，故參加1978年全省文物聯展時能夠自成單元，展品、圖片、文字解說均引人矚目。1980年8月，市博物館在幸福路原館址舉辦了「四戰四平」戰史文物陳列，1981年6月30日公開展覽，共展出文物、圖片、照片等四百餘件，其中特別珍貴的有毛澤東、劉少奇、周恩來起草的中共中央、中央軍委的電報、嘉獎令等文獻資料，馬仁興自傳手稿，馬仁興工作手冊、日記，頒發給作戰有功部隊和立功指戰員的毛澤東獎章、獎旗、功臣匾，還有四平攻堅戰中戰士用砲彈殼自治的小銅號等，十分珍貴。四平戰役文物陳列分為四平解放戰、四平保衛戰、四平攻堅戰、四平收復戰、恢復生產和政權建設五部分。同時放映歷史文獻片《收復四平》《東北三年解放戰爭》。從1981年6月至1983年遷址，共放映1310場，講解1250場，接待觀眾三萬餘人次。

1983年市博物館曾組織舉辦《四平戰役文物圖片展覽》巡迴展出，深入各參戰部隊進行宣傳，長達兩個多月，比較系統地展示了「四戰四平」的全過程。

經過多年徵集與整理，「四戰四平」革命文物日漸豐富，1984 年館藏革命文物 360 餘件，1985 年增至 400 餘件。1986 年是四平保衛戰四十週年，工作又有突破。

1986 年 5 月，四平市文化局、四平市博物館召開了《四戰四平文物陳列》內容設計大綱座談會，吉林省文化廳文博處、吉林省革命博物館、中共四平市委、四平市政府相關領導和專業工作者應邀出席會議，各抒己見，提出許多中肯的意見建議。會後形成了《四戰四平文物陳列設計大綱》座談會紀要。5 月中旬至 7 月下旬，四平市博物館組織文物部人員對四平市區戰爭遺址遺物進行了全面的採訪徵集，收集到館藏品數十件。9 月至 11 月，四平市博物館組織四個小組分赴遼寧、北京、河北、河南、齊齊哈爾和吉林省白城市等省、市，走訪、收集四戰四平文物資料 500 餘件。1988 年 12 月 1 日舉行了四平市博物館、四平戰役紀念館開館儀式。彭真同志題寫了「四平戰役紀念館」館名。四平戰役紀念館 1986 年已從市博物館劃出，兩館合署辦公，一套班子。

新館啟用後，即推出「四戰四平」戰史文物陳列，同時給觀眾放映由吉林電視台重新錄製的《四戰四平》歷史資料錄像片。在此期間組織戰史專家季漢文、張豔華等為二十餘所中小學校作戰史報告。到 1993 年，展示陳列年接待觀眾 3.3 萬人次，其中外賓幾十人。到 1997 年已徵集到以四平戰史為主的革命文物 1120 件，大大地豐富了文物館藏和展覽內容。

「四戰四平」戰史文物陳列，通過 874 件四平戰役文物、200 餘幅四平戰役圖片的展示，再現了四次攻防作戰殘酷、激烈的戰爭場景和國共雙方戰略戰術的運用，凸顯了人民解放戰爭事業和人民軍隊戰無不勝的真理。在陣地陳列基礎上，四平戰役紀念館還製作了精美輕巧、便於攜帶的「四戰四平」流動展覽板，到部隊、學校、社區、工廠、農村鄉鎮開展巡迴展出活動，受到各界民眾的歡迎。

四平戰役紀念館新館建設在國家、省、市支持下，終於在 2004 年 8 月破土動工，2006 年 7 月 1 日試開館，2007 年 9 月 27 日正式開館。紀念館在陳列

上較前有很大突破，展覽面積大幅增加，內設五個展廳，設有聲、光、電、消防、安防、製冷、供熱、排風等配套設施。藝術的感染力、視覺的衝擊力、史實的感召力，使這座吉林省唯一的展示重大戰役的專業紀念館，品格分外凝重，存史功能和教育功能得到極大彰顯。

▲ 半景畫——四戰四平

文物普查、文物志編寫和文物保護

　　1983 年 3 月，四平地區文物普查隊對懷德、梨樹、四平、雙遼、伊通各市縣均作了深入細緻的文物普查。

　　在梨樹縣，文物普查隊共分 7 個組，採取分片包幹的辦法，按省、地、縣制定的方案，訪問踏查了全縣所有的鄉、鎮、村、屯，大大小小的座談會開了近千次，走遍全縣山水林田，總行程 1000 多公里。普查隊經 2 個多月的工作，徵集各類文物 15 件，發現各類文化遺存 226 處，其中原始文化遺存 13 處，遼金遺址 97 處，古墓群 2 處，古墓葬 22 處，古窯址 2 處，古塔 1 處，古井 1 處，古邊壕 4 段，古生物化石點 2 處，寺廟址 36 處，碑刻 8 塊，近現代遺址 3 處，革命紀念建築 4 處，重要文獻 1 件。在普查過程中，普查隊緊密依靠群眾，取得群眾支持幫助，有些農民在耕地時撿到的古銅鏡、撲滿、彩陶等文物，主動交給普查隊。在懷德縣，由於普查隊主動宣傳文物保護，從群眾口中獲得了不少可貴的線索，使一些鮮為人知的遺址、墓葬得以發現。段新樹、黎久友、劉國英、馬德千、郭法魯、唐洪源、陳軍、王柏泉等同志，夜以繼日地整理資料、繪圖、寫文章，共整理出 30 餘萬字的檔案資料及大量圖表、照片、採集了大批具有典型意義的文物標本。這次文物普查一直延續到 1985 年下半年，是四平地區首次大規模文物普查。其中的做法、途徑及工作經驗，對其後四平市的文物調查和文物保護，具

▲ 1986 年出版的《四平市文物志》

有重要的基礎作用和鑑定價值。

1984 年至 1988 年，各縣、市文物志相繼編撰完成，印刷出版。這次文物志編修，是由省文化廳統一領導，責成各地文物普查隊依據考察結果，按照統一規格付印的。依次出版的《梨樹縣文物志》《懷德縣文物志》《雙遼縣文物志》《四平市文物志》《伊通縣文物志》，成為四平文化史上第一批專業志書。

有效保護四平地上地下的文物古蹟，防止人為的損失和破壞，在這方面四平市各級政府和文化部門依法採取了相應措施。1982 年至 1984 年在省級重點文物保護單位如梨樹縣偏臉城、葉赫古城遺址、于家溝抗俄紀念地等，設立保護標牌和說明牌，在當地建立了文物保護組織，在村民中訂立了文物保護制度、公約，做到宣傳到位，責任清楚，措施得力。到 1988 年，全市有省級重點文物保護單位 9 處，市級重點文物保護單位 20 處，建立文物保護小組 30 個。1989 年市文化局對全市文物單位進行一次全面安全檢查。為確保館藏文物安全，市博物館安置一套現代安全保護措施，總控面積 1220 平方米。市文管辦主任段新樹被公安部、國家文物局授予全國文物安全保護工作先進個人。1992 年市文管辦對市級重點文物保護單位建立了保護標牌，在當地懸掛文物保護宣傳標語。1993 年四平市政府辦公室下發《關於加強文物保護的意見》，同時下發文物保護座談會紀要。對違規違法破壞文物的開發商予以制止。省文化廳 1993 年 9 月召開的「吉林省文物四有建設現場會」，指定四平市在會上介紹經驗並加以推廣。

▲ 考古現場

1994 年對省級文物保護單位四平烈士紀念塔、山門布爾圖庫蘇巴爾漢邊門進行了調查、測量、繪圖、照相、收集資料和著錄，建立詳細文物檔案。1995 年至 1996 年，相繼處理幾起破壞文物遺址、古城的違法案件。

▲ 青銅時代的鴨形壺

▲ 遼代黃釉雞冠壺

▲ 清代雍正雙蝠耳筆洗

▲ 大清康熙梅瓶

市文管辦被省文化廳評為 1995 年文物安全先進單位，並獲一等獎。時任市人大副主任王希安率人大檢查團，視察公主嶺、雙遼、梨樹、伊通，檢查各縣、市對《吉林省文物保護管理條例》貫徹情況，考察文物保護單位十七個。

1998 年市文管辦編制了四平市「九五」後三年和「十五」期間文物搶救保護規劃，對全市革命文物史蹟作了全面普查。1999 年新增六處省級文物保護單位。2001 年 6 月，根據國家局通知，二龍湖古城遺址成為國務院核定公布的第五批全國重點文物保護單位，是當時四平市境內唯一一處全國重點文物保護單位。8 月，國家文物局文物保護司副司長宋新潮來四平視察二龍湖古城遺址，對該遺址保護工作提出具體要求。9 月，四平市人大下發《關於加強二龍湖古城遺址保護管理的決定》。10 月，市政府下發關於加強二龍湖古城遺址保護的四政發〔2001〕38 號文件。2002 年經國家文物局同意，省文物考古研究所、市文物管理辦公室聯合對二龍湖古城遺址進行大規模主動發掘，出土石器、銅器、鐵器、陶器、骨器、玉器、玻璃器等各類遺物 800 餘件。2003 年 3 月制定了《關於加強二龍湖古城遺址保護管理的報告》。2004 年完成《四平市文物保護「十一五」規劃》的編制，完成二龍湖古城遺址 1：500 畫圖的測繪工作。

市博物館從 1958 年建館以來，經近 50 年的苦心經營，館藏文物達 11000

餘件，其中歷史文物藏品
9000 餘件。1991 至 1994
年完成文物庫房整頓建設，
完成藏品分類、編目、修
復、保護、定級、建檔工
作。藏品以北方匈奴、鮮
卑、契丹、女真、滿族文物
為主，分為傳世類、出土

▲ 出土的陶甕

▲ 北宋大晟編鐘

類、書畫類、古錢幣類、票證類共五大類，總計 11905 件。其中一級藏品 2
件，二、三級藏品 168 件，參考藏品 11735 件，其中藏有代表地方文化特色的
新石器時期伊通羊草溝遺址、雙遼後太平遺址、青銅時期公主嶺大青山遺址、
漢代城址二龍湖古城、遼金時期梨樹偏臉古城、明清時期葉赫古城等處出土的
珍貴文物。出土藏品中最具有價值的是青銅時代的鴨形壺。

　　傳世類藏品中的精品是清代雍正年間蔣廷錫的「御園瑞蔬圖」，錢幣類藏
品中重要的有唐「開元通寶」、宋「太平通寶」、金「正隆元寶」等。藏品保
護實行文物預防性保護和技術處理兩方面結合。在文物庫房建設上有遠紅外防
火防盜監控設施，保障藏品安全。

　　梨樹縣博物館藏品「大晟編鐘」，
是在 2003 年出土於古韓州（梨樹縣
偏臉城古城）南側昭蘇太河老河床
內，為當地農民挖沙所得。

　　該編鐘係青銅鑄造，精美細膩。
高 21 釐米，口徑 19 釐米，正面中間
鑄有陰刻篆體「大晟」二字，背面正

▲ 後太平墓地發掘全景

中鑄有陰刻篆體「太簇中聲」四字。經確認為宋徽宗製造新樂「大晟樂」所有
編鐘之一件。其流落於此，當與歷史上的「靖康之變」有關。

中小學電影教育塑造吉林德育典範

　　利用優秀中外影片在中小學生中開展愛國主義教育和革命傳統教育，擴展電影藝術的德育功能，是四平市電影系統的一項具有創新性、開拓性的工作。因為此項工作是通過研究、整理和歸納，按影片類別和情節，加以系統化編排，供中小學生觀看，所以定名為「中小學電影系列化教育」。市電影公司經過幾年實踐，頗見成效，受到學校、家長和廣大師生的歡迎。一九八九年三月二十八日，中共吉林省委宣傳部、省教委、省文化廳在四平召開「吉林省青少年教育現場會」，四平市電影公司介紹了《發揮電影優勢，為青少年教育提供優質服務》的經驗。光明日報、內參選編、中央電視台、吉林日報、吉林電視台等多家媒體給予報導。

　　四平市電影發行放映系統熱情服務、科學安排，首先做好中小學電影發行和宣傳，建立了宣傳網絡，健全了工作程序。以市電影公司為龍頭，加強發行、宣傳兩條線的職能，制定了發片規則和宣傳計劃。做好提供片目工作，主動徵求教育部門意見，根據中小學教學大綱、德育大綱的要求，根據素質教育的需求，選擇影片，編成目錄，發給各放映單位和學校，供他們選擇。還指定專人，更深入地研究兩個大綱，參照庫存目錄，在更大範圍內推廣。一九九○年以前他們注重國家各部委指定的百部愛國主義影片的發行，對學生進行愛國主義、革命傳統和共產主義思想教育，收效明顯。隨著社會主義市場經濟的發展和改革開放的深化，認識到青少年電影教育不能僅限於革命傳統教育，而應適應形勢發展變化，擴大選片範圍，使電影教育跟上時代的步伐。為此，在提供國產片的同時，注意提供一些外國優秀影片，以及重大歷史題材的新片，以開闊學生視野，提高學生的現代意識。

　　綜合放映服務及時跟進，通過板報、畫廊、廣播介紹電影內容，提示重點；放映時搞好場內外安全、衛生，放映後收集情況，組織座談、討論，搞好

影評。一九九四年，市電影公司積極配合市委宣傳部、市教委組織學生參加了由中宣部、國家教委、團中央、中央電視台舉辦的「我的祖國」百部愛國主義影片知識競賽晚會，參賽前夕排練過程中積極提供影片、場所及有關設備，協助排練。由於基礎工作到位，四平代表隊在競賽中取得優異成績，捧回了「智慧杯」。一九九五年，市電影公司和教育部門配合，組織參加了「珠光杯」百部愛國主義影片全國影評徵文比賽，共向院校師生和社會各界徵稿一千餘件，向主辦單位推薦優秀稿件一百多篇。這次全國性活動，四平市捧回「珠光杯」，獲一等獎一名，二等獎一名，三等獎四名，使四平電影教育成果獲得了充分展示。一九九七年在市委宣傳部、市教委、市文化局、市電影公司開展的「五大員」（影視內容宣傳員、影視故事演講員、影視歌曲演唱員、影視觀後評論員、英雄事蹟報告員）活動中，更大限度地發揮了電影功能，進一步密切了電影部門與社會、家長和青少年學生的連繫，自身影響也擴大了。

一九九〇年四月至六月，長春、四平兩市文化部門聯手舉辦了「長春──四平中小學生電影藝術節」，共放映優秀影片四十九部。一九九一年五月至七月「吉林省中小學生電影節」在四平舉辦，開展了電影匯映、影評徵文、理論研討等系列活動。四平電視台拍攝專題片《電影教育在四平》。

二〇〇〇年六月十二日，全國中小學影視教育工作座談會在四平召開。國家中小學教育協調工作委員會副主任、著名表演藝術家於藍，原中國兒藝廠廠長、國家中小學影視教育協調工作委員會秘書長陳錦淑，省委宣傳部、省文化廳領導、全省各市（州）有關領導出席會議。此次會議對於克服電影低谷影響，重振四平中小學電影教育工作指明了方向。二〇〇二年六月二十八日，紀念全市中小學影視教育十七週年大會暨第二屆中小學電影節開幕，並舉行了文藝演出。二〇〇四年三月十七日，市委宣傳部、市教育局、市文化局聯合召開了全市中小學影視教育工作會議。

新時期新二人轉、戲劇小品光耀四平

▲ 四平二人轉在吉林省二人轉‧小品藝術節表演

世紀之交的新二人轉扮美地域風情

　　四平二人轉在解放後已走過六十年的歷程，從當初的《婦女隊長快點名》，到六〇年代的《鬧碾房》《小老闆》，到八〇年代的《美人杯》《倒牽牛》，到九〇年代的《新考官上任》《偷禍》，到新世紀之初的《雇媽》《鄰里之間》《香妃夢》……僅梨樹縣就有上萬場正規的二人轉演出，獲得國家和省、市近千個獎項。

　　吉林省宣傳文化部門的強力推動，各市、縣的積極動作，是新二人轉得以延續和發展的推動力，而一批二人轉劇作家和表演藝術家的堅守與付出，乃是新二人轉生存發展的動力之源。一九八九年舉辦了吉林省首屆二人轉藝術節。與此同時，每兩年一屆的全省二人轉新劇目評比推廣會暨戲劇小品大賽，一直在舉辦。

四平市不僅在這些賽事中出作品、出人才，而且摘取許多桂冠、獎項，並且培養出全省知名的白晶、陳淑新、李春傑等二人轉新秀，有的榮獲「轉星」稱號。拉場戲《牆裡牆外》《美人杯》《罵鴨》《偷禍》，二人轉《夫妻串門》《佛祖封官》等劇目，膾炙人口，在全國和省獲獎，影響深遠。

「吉林省二人轉·戲劇小品藝術節」應運而生，從二十一世紀

初到二〇一三年已舉辦六屆。此項全省性的演藝盛會，精品薈萃，轉星雲集，好節目層出不窮，使人目不暇接。四平市組織創作力量和演出團隊接連推出一批批二人轉、拉場戲、單出頭和戲劇小品；以趙丹丹為代表的二人轉新生代正在崛起；游弋在歷史與現實之間的滿族風情二人轉作品令人矚目，滿族風情歌舞登上上海世博會舞台。

追溯到一九八三年，吉林省第四屆二人轉新劇目評獎推廣會（以下簡稱推廣會），四平推出了二人轉名作《倒牽牛》《兩朵小紅花》，作者趙月正、李桂仲，表演者陳淑新、董孝芳、白晶等在全省二人轉舞台上嶄露頭角。

戲劇小品異軍突起

一九九〇年，中國話劇藝術研究會東北分會提出，在東北三省舉辦首屆戲

▲ 小品《祝你平安》

▲ 小品《山路幽幽》

▲ 小品《夜半更深》

▲ 1997 年小品《柳暗花明》在央視春晚

▲ 小品《朋友》獲「小天鵝杯」戲劇小品大賽三等獎

劇小品大賽。四平市話劇團立即響應，從劇本創作抓起，共排演了十幾個小品，經專家評委篩選，有三個小品入圍決賽，一是欒淑芳編劇、苗向陽導演的《山路幽幽》，二是董竹編劇的《瞎良子的勝利》，三是郭中束編劇的《不可思議》，三個小品均在大賽中獲獎。

會演期間，在「戲劇小品理論研討會」上，專家們給出小品的定位：1.小品是以表演為中心的藝術；2.短小精悍，小中見大；3.諷刺見長，幽默誇張；4.體現方言與人物造型的魅力；5.小品的唯一界定是時間限定；6.戲劇小品有不同的風格和分類。嚴肅認真的態度和社會責任感，培植小品藝術，使四平戲劇園地湧現了一批批膾炙人口轟動一時的小品力作，如《朋友》《目擊者》《借錢》《奶奶的幸福》《祝你平安》《公費方便》《圈套》《良知》《斷電》《童心》《柳暗花明》《他姥爺》《有錢了》《午夜狂想曲》《一根長髮》《對症下藥》《人與人》等。其中，李桂仲創作的小品《柳暗花明》由魏積安、高秀敏主演，在一九九七年央視春節晚會演出並獲央視「春蘭杯」獎。

四平市藝術團赴日本別府市聯誼演出

2004 年 11 月 4 日，四平市藝術團一行四十一人，應日本別府市市長的邀請，赴該市參加建市八十週年慶祝活動演出，共演出兩場中國傳統戲劇，獲得了圓滿成功，受到了日本市民的熱烈歡迎。精彩的演出節目為海濱城市別府市觀眾帶來了喜悅與歡樂，獨具魅力的中國傳統戲劇震撼了日本。

下午三點鐘，訪問演出團一行被引領到了別府市府前，只見門口的橫幅上寫著「熱烈歡迎吉林省四平市藝術團」的標語，下面站著三十二位西裝革履、打扮一新的議員，在市長濱田博的帶領

▲ 中國・吉林省四平市藝術團公演畫冊

下，列隊歡迎友好使者的到來。歡迎會由別府市社會福利協會參事村田主持，別府市市長濱田博首先致歡迎辭，別府市議會議長清成宣明發表了熱情洋溢的講話，四平市政府代表團團長代表四平市三三〇萬人民發表了演講，接著雙方互贈禮品，藝術團將具有代表中國特色的三幅山水畫贈給了日方領導。

11 月 5 日，是四平市藝術團為別府市建市八十週年首場演出的日子，也是全體團員最緊張最激動的日子。此時，場外已坐滿了等候入場的觀眾，他們自帶小墊子，靜靜地坐在地上，有的吃著自帶的便餐，有的看著報紙。據收票的工作人員介紹，這些觀眾之所以來得這麼早，一是日本觀眾特別喜愛中國的傳統劇目，特別是中老年人十分喜歡；二是他們賣出的票沒座號，先來的可以坐在最好的位置觀看。他們還說：整個演出場地座位是一二八〇個，兩場已經

▲ 《梁山伯與祝英台》

▲ 《對花槍》

賣出了三千張票，加了許多臨時椅子，現在還有許多人連繫買票，已經沒有辦法再賣了。這個場面，讓演出團員十分感動，大大增加了演出的信心。

下午五點五十分，中日雙方領導步入演出劇場，觀眾席上響起熱烈的掌聲。六點鐘，別府市市長、四平市市長登台講話，濱田博市長面對別府市一千五百多名觀眾報告了好消息：為慶祝別府市建市八十週年，他先後多次派人到四平協商，現在終於把中國的「國粹」京劇和中國傳統戲劇請到別府來，把中國的「國寶」熊貓請到別府來，讓別府市民一飽眼福，滿足廣大市民的美好願望。觀眾席發出一陣讚歎和掌聲。

第一個節目就是現代歌舞《吉祥如意》，三隻由演員扮演的大熊貓登場亮相，開場就響起熱烈呼叫聲，接著是傳統劇目《梁祝》和京劇《對花槍》。

隨著鑼鼓樂器的響起，演員出場，鮮豔、個性的戲劇臉譜和特有的民族服裝打動了日本觀眾，他們發出了陣陣讚歎，聽完第一段甩腔亮相，控制不住喜悅之情的觀眾驟然間爆發雷鳴般的掌聲。日本觀眾太喜歡京劇了，他們的情緒隨著每段唱腔向前發展，或喜或悲或高或低。「國粹」的獨特藝術魅力使日本觀眾津津樂道，為之震撼，為之傾倒。

接著是一首高亢的歌曲《珠穆朗瑪》，歌聲把日本觀眾的感情從中國傳統戲劇帶到了現代歌舞藝術境界，使他們從美麗的富士山想到了神聖的青藏高原，渾然天成的風光自然美麗，獨特的人文景觀曠古神奇。當用日語唱起《我

只在乎你》時，觀眾隨著旋律合手打起了拍子，真是群情振奮，上下互動，融為一體。

《楊八姐盜刀》，七十二歲老演員王彩雲寶刀未老，水準高超，念、唱、作、打，樣樣皆精，博得了台下掌聲和稱讚。《鍾馗嫁妹》表現的是唐朝時期鍾馗上京趕考，考中榜首，因面目不美，為

▲ 歌伴舞《珠穆朗瑪》使日本觀眾群情振奮

奸臣所不容，鍾馗憤而自盡，他發誓剷除惡人，但他沒有忘記待嫁閨中的胞妹，趁妹嫁前夜趕回家中，共敘手足之情。

當鍾馗再次背起小妹妹，唱出第一句「背起小妹妹……」時，整個劇場鴉雀無聲，隨著鍾馗帶領眾小鬼為妹妹送嫁，劇情達到了高潮，再次迎來了觀眾經久不息的掌聲。

第一天首場演出獲得了圓滿成功，演出現場氣氛熱烈，掌聲雷動，演出結束後觀眾們長時間熱烈鼓掌，遲遲不肯離去。

當晚，別府市電視台對整個演出盛況進行了報導，引起了別府市千家萬戶的轟動。

▲ 《楊八姐盜刀》

▲ 《鍾馗嫁妹》

四平戰役紀念館新館開館慶典舉行

　　四平戰役紀念館開館慶典於二〇〇七年九月二十七日上午十時，在四平市英雄廣場內的四平戰役紀念館門前隆重舉行。

　　慶典會場由駐軍部隊官兵、武警部隊官兵、機關幹部和學生組成的方隊列隊主席台前，應邀前來參加慶典的有：參加過四平戰役的老戰士、四平戰役參戰部隊指揮員的子女，省、市有關部門領導，四平軍分區、駐平各部隊首長，國內相關紀念館、博物館的領導，四平戰役史研究專家等。

　　和平鴿飛起，各級領導和貴賓為四平戰役紀念館開館剪綵。四平戰役是東北解放戰爭中的重要歷史事件，在東北乃至全國均占有重要歷史地位。四平因此而備受世人矚目。

　　為紀念四平戰役這一重要歷史事件，弘揚中國共產黨及其領導的人民軍隊為民族獨立、人民解放而勇於犧牲的愛國主義精神，一九五八年建立了四平戰役紀念館。

　　四平戰役紀念館是國內較知名的中等規模革命歷史類紀念館，也是吉林省唯一的展示重大戰役的革命歷史紀念館，是國家級愛國主義教育示範基地，百個全國紅色旅遊經典景區之一，是三十條紅色旅遊精品路線第二十六條路線的第一站。四平戰役是極具潛在開發價值的紅色旅遊資源。

　　在歷史的發展中，四平戰役紀念館幾易館址。在原館舍窄小、建築布局不合理及陳列落後的情況下，在國家有關部門及省、市政府的支持下，二〇〇三年九月二十七日成立了新館建設工程指揮部，二

▲ 大市領導為四平戰役紀念館剪綵

○○四年二月新館破土動工，二○○六年七月一日試開館，二○○七年九月二十七日一座全新的四平戰役紀念館面對廣大群眾正式開放。

四平戰役紀念館新館，位於四平火車站西側約二公里處的英雄廣場西側。交通極其便利，旅遊線路暢通，人文與自然環境良好。紀念館與周邊的烈士塑像、英雄銅像及烈士紀念塔相互呼應，相互依託，形成了以四平戰役紀念館為核心的紅色旅遊中心景區，凸顯出英雄城市的文化特色。這一區域作為四平市行政文化中心區，交通、通信、食宿及其他公共服務等旅遊基礎設施較為齊備。

紀念館主體建築外形為不對稱式，建築頂部結構呈弧形，主體偏軸位置呈圓形，寓意在四平戰役中人民軍隊的功績和先烈們的英靈與日月同光；館兩側略向內環抱，象徵著紀念館歡迎來自四面八方的參觀遊客。館正面牆體設有反映四戰四平歷史的浮雕，浮雕長度為十九點四八米，高度為三點一三米，寓意一九四八年三月十三日四平解放。館前區設有人民軍隊英勇戰鬥和人民群眾奮勇直前的兩組圓雕。

「葉赫風情」民俗旅遊節　突出地方特色，展示文化內涵

　　「葉赫風情」民俗旅遊節是四平市、鐵東區打造的一個集旅遊、民俗、文化於一體，具有地方民族特色的文化品牌。始創於二〇〇九年，其後每年舉行一次，目的是開發鐵東區葉赫的歷史文化資源和當代旅遊資源，提高四平在國內外的知名度、美譽度，打造宜居城市、文化城市、生態城市，使昔日康熙皇帝住蹕地、孝慈高皇后出生地、慈禧、隆裕兩太后祖籍地，納蘭性德文脈源頭地成為東北亞休閒養生旅遊的勝地，推動四平經濟社會又好又快發展。

　　二〇〇九年八月十八日，鐵東文化廣場人流如織，彩旗飄飄，禮炮齊鳴，葉赫滿族民俗旅遊節在這裡隆重開幕。大型舞蹈《春色滿園》拉開了大型文藝歌舞演出的序幕。具有滿族民俗特色的歌舞表演吸引了全場觀眾和路邊的觀者。女聲獨唱《和諧大家園》把演出推向高潮。從八月十八日至十月十日，在鐵東區、葉赫鎮相繼舉辦了紅果採摘、自行車大賽、焰火迎國慶等多項活動。

▲ 中國・葉赫滿族民俗旅遊節演職員合影

▲ 第二屆中國‧葉赫滿族民俗旅遊節暨金士百之夜「葉赫風情」大型文藝演出在四平市體育場盛裝啟幕

二○一○年九月五日，第二屆中國‧葉赫滿族民俗旅遊節暨金士百之夜「葉赫風情」大型文藝演出在四平市體育場盛裝啟幕。當日晚十九時三十分，四平體育場燈火輝煌，歌聲飛揚。本次文藝演出陣容強大，規模空前，演職人員有三百餘人，逾萬名群眾分享文化大餐，為四平市文藝演出史上的第一次。

中央電視台《藝苑風景線》欄目現場錄製並播出演出盛況，四平電視台現場直播。文藝演出以汪正正的《葉赫那拉》《我愛你中國》拉開帷幕，由德藝雙馨藝術家、國家一級演員宋祖英擔綱，為觀眾精彩演繹《好日子》《大地飛歌》《愛我中華》等經典歌曲；騰格爾帶觀眾看《雲中的月亮》，講述《天堂》的故事；屠洪剛告訴《你》《江山無限》好；那英的《山不轉水轉》《霧裡看花》《征服》你我；水木年華《在他鄉》《一生有你》；國家一級演員婧妍、劉維維為人們精彩演繹成名歌曲。此外，特別為晚會創作的歌曲《葉赫那拉》《納蘭性德》，舞蹈與雜技《滿鄉射獵》，舞蹈《金花火神》，都突出地表達著芬芳濃郁的滿族特色，精彩地貫穿出「葉赫風情」的地緣文化主題，給人們帶來藝術

與美的享受。晚會把音樂、舞蹈、歌曲、相聲等形式有機結合，形成一種新的複合式節目，主題深刻，形式新穎，激情四射。

通過各種形式的創新，帶人們走進四平獨特的薩滿文化，領略別樣的葉赫風情，感受歷史與現代的交融，體驗青春與希望的活力，展示了四平人民開放的胸懷和富有激情、向上的精神風貌。這場晚會是一個體驗四平魅力和民族風情的文化盛宴，是一次匯聚四海賓朋、展示四平風采的文化盛會。

二〇一一年七月十八日晚十九時三十分，二〇一一中國‧葉赫滿族民俗旅遊節開幕式暨「葉赫風情」大型文藝演出在四平市體育場拉開帷幕。

整場演出旨在展示四平深厚的文化底蘊和經濟社會發展的巨大成就，提升「吉祥寶地、魅力四平」的知名度、開放度和美譽度，打造宜居、宜業、宜遊的新四平。

和風拂來，帷幕徐啟。空前強大的演出陣容，精彩絕倫的表演，美輪美奐

▲ 2010 中國‧葉赫滿族民俗旅遊節開幕式

▲ 宋祖英在演唱《好日子》

▲ 那英演唱《征服》

▲ 騰格爾演唱《雲中的月亮》

的舞台設計，讓現場萬餘名群眾享受了一場精彩的文化盛宴。晚會由中央電視台著名主持人朱軍、劉芳菲聯袂主持。

實力派歌手韓紅深情演唱《天路》《眾裡尋你》；孫楠帶觀眾一同《追尋》《緣分天空》；二人攜手共同演繹美麗的《神話》，迅速點燃現場的熱情。

楊坤在《站台 2010》《牧馬人》《無所謂》，用他獨特的「坤式唱法」讓觀眾大飽耳福；內地最受歡迎的音樂組合羽泉演唱歌曲《深呼吸》《最美》等經典老歌，引來全場大合唱。此外，還有旭日陽剛帶來《我的未來不是夢》《今

▲ 2011 年「葉赫風情」大型文藝晚會開幕式

生緣》。台上台下匯成一片熱情的海洋，不停揮動的螢光棒點亮四平的夜空，共同唱響英雄城不眠之夜。

▲ 鳳凰傳奇現場演繹《最炫民族風》

二〇一二年七月十八日晚，四平市體育場高朋滿座、群星薈萃、流光溢彩，二〇一二中國‧葉赫滿族民俗旅遊節在這裡盛裝開幕，宏泰之夜‧葉赫風情大型文藝演出在這裡激情上演。

二〇一三年七月十八日下午六時許，二〇一三中國‧葉赫滿族民俗旅遊節開幕式暨「葉赫風情‧感恩之旅」大型主題活動在葉赫那拉古城拉開帷幕。本次活動由鐵東區委、區政府主辦，以「葉赫風情美景‧盛夏感恩之約」為主題。

近年來，鐵東區充分開發葉赫豐富的自然資源以及深厚的歷史文化資源，深入挖掘葉赫旅遊文化內涵，推出了「中國‧葉赫滿族民俗旅遊節」這一旅遊節慶活動。皇家山滑草場激情四射，那拉古城古色古香，令人流連忘返。

▲ 中國‧葉赫滿族民俗旅遊節開幕式

滿族花棍舞獲吉尼斯世界紀錄認證

　　具有濃郁葉赫滿族特色的花棍舞，是由三百多年前的滿族先人驅馬揚鞭演化而來。它吸收了薩滿腰鈴舞、漢族秧歌和扇舞等動作，剛柔相濟，舞姿優美，是一種融表演、娛樂、健身為一體的民族特色舞蹈。花棍舞通常使用的花棍為木製，圓桿，直徑三至四釐米，長一米左右，兩端各鑿三孔，用銅錢串於孔內，棍的兩端繫有綵綢，舞動時優美飄逸。舞蹈動作奇異誇張，用手、頸、腰、腳等部位敲擊、變換節奏，展現踢、打、磕、拍、拐、甩等舞姿技巧，動作流暢，處處充盈著飛舞之美。

　　二〇一二年九月二十八日十三時三十分，四平市十三所中小學校的近三百輛大巴拉著表演者到場。作為中國·葉赫旅遊節的「王牌節目」，萬人花棍舞衝擊吉尼斯世界紀錄的大型表演，在駐四平某部隊五萬平方米的靶場正式拉開帷幕。一萬零九十八名學生，穿著藍色的滿族服飾，手拿鑲嵌著「銅錢」的花

▲ 市領導視察地方文獻展廳

棍，在相關工作人員的組織下，所有選手整齊站好，各就各位。在表演即將開始前，選手進行了最後一次彩排。

13 時 30 分許，主持人宣布表演開始。首先，會場主席台前數十名「格格」在領舞老師的指令下，邁著輕盈的步伐，向主席台兩側緩緩走去。接下來，伴隨著音樂聲起，幾名穿著黃色滿族服飾的小夥子，高舉象徵滿族特色的各種旗幟，從 10098 名選手中穿過。表演正式開始，10098 名選手時而搖著手中的花棍，時而用花棍碰擊肩、背、肘、兩手、兩膝、兩足，時而步伐交叉，時而平舉花棍，時而轉身，時而蹲下。整套動作整齊劃一，在複雜的節奏變化下，配以各種舞姿，表演者手中花棍上的「銅錢」也不時丁零作響。

歷時 8 分 30 秒的時間，選手們表演結束，全部恢復表演前的站位，一起期待著吉尼斯世界紀錄認證官的評價和認證結果。人數和表演過程均符合標準。28 日 13 時 50 分許，吉尼斯世界紀錄認證官吳曉紅現場公布結果：此次萬人花棍舞表演，無論是人數還是表演的過程，都非常精彩，符合吉尼斯紀錄的認證標準，成功創造吉尼斯世界紀錄。

「英雄城頌」歌詠活動唱響時代主旋律

四平市的「英雄城頌」歌詠活動，是在二〇〇三年的春日，為紀念四平解放五十五週年（1948-2003 年），由市委宣傳部、市文聯、市文化局、四平日報社與四平電視台聯合舉辦的。

活動開展以後，承辦單位市藝術研究室、市音協多次召開創作工作會議，來自全市各縣（市、區）文化局、文化館的負責同志，把「英雄城頌」歌詠活動，與企業文化建設、社區文化活動、年節廣場活動結合起來，把活動作為「英雄城音樂會」的延續和發展。

市文化局對這次的活動非常重視，二〇〇三年十一月，選編出版《英雄城頌》歌曲集，收集活動中的優秀創作歌曲一五〇餘首。歌曲的內容包括謳歌四平戰役的先驅英烈，讚頌家鄉的輝煌成就，展示四平人民昂揚向上的精神風貌，抒發四平人民投身改革、建設經濟強市的壯志豪情，以及對家鄉的自然景觀、人文景觀、名勝名牌的讚美等，有著很大的藝術價值。

二〇〇四年三月三十日，市委組織部、市委宣傳部、市直機關黨工委、市文化局、市文聯、市總工會、團市委、市婦聯聯合下發《關於在全市大力開展「英雄城頌」歌詠活動的通知》，並附有活動實施方案。各機關、學校、社區、企事業單位、部隊迅速掀起了歌唱時代主旋律、歌唱英雄城、讚美家鄉的群眾性歌詠活動熱潮，到處都有群眾自編自唱的歌聲響起，抒發熱愛家鄉、建設家鄉的昂揚激情。

為提高「英雄城頌」歌詠活動質量，市文化局、市音樂家協

▲ 「英雄城頌」歌詠活動開幕式演出

▲ 少兒合唱《烈士碑前的小花》

會組成百人教唱團，分別深入基層單位教唱，並將二十首推薦歌曲錄製成光碟，由四平電視台製作「每週一歌」向全市播放。四平日報、四平人民廣播電台選登（播）優秀歌曲。

　　二〇〇五年八月，市文化局、市文聯、市音協召開了「英雄城頌」創作歌曲審聽暨「英雄城組歌」研討會，努力推出優秀歌曲，打造時代精品。由市委宣傳部推出全市中小學首唱歌曲《四平少年之歌》《英雄城，我愛你》《烈士碑前的小花》等。市委宣傳部、市文化局、市音協舉辦了「英雄城頌」專場音樂會。二〇〇六年以後，主辦單位把此項歌詠活動與「九月鮮花」文藝展演周結合起來，保持和發揚了主旋律歌曲演唱的優勢。

「九月鮮花」文藝展演周打造文化盛宴

「九月鮮花」文藝展演周是四平市文聯為滿足廣大市民日益增長的文化需求，為國慶節營造節日氣氛，為鍛鍊和提高市文聯隊伍服務社會能力和水平所策劃的一個廣場大型公益文藝活動。在形成活動實施方案後，得到了市委、市政府和市委宣傳部主要領導的高度評價和大力支持。從二〇〇六年第一屆起，就由市委、市政府主辦，市委宣傳部和市文聯承辦，市文聯所屬十三個協會協辦，每年舉辦延續至今。此項活動以其群眾性、時代性深受社會各界喜愛。二〇一一年被市委、市政府命名為四平市文化活動品牌。

「九月鮮花」文藝展演周，是在充分考慮了人們的需求和願望的基礎上舉辦的公益文化活動，實際工作由市文聯和各協會承擔，組織系統專業有力，指揮到位，活動組織有序協調，經費保障有財政支持。

▲ 器樂合奏《金蛇狂舞》

▲ 朝鮮族舞蹈《金達萊》

　　從活動內容看，以迎國慶節營造節日氣氛為目的，堅持先進文化發展方向，弘揚主旋律，唱心聲、頌新績、鼓士氣、順民情，非常貼近生活，貼近實際，貼近群眾，因而，深受廣大幹部群眾歡迎。

　　從活動展演隊伍看，都是各協會領導和會員指導的文藝團體，代表著全市最高文藝展演水平和現有最全面的藝術門類，每年都有一批新人新作推出，參加展演隊伍不僅人員眾多，技藝多樣，而且無償服務，真情奉獻，這是活動低成本、大規模運作的重要支撐。

　　從活動形式上看，四平市「九月鮮花」文藝展演周由美術、書法、攝影、圖書、民間藝術品展覽，文藝節目連續演出和影視作品連續展映三部分組成，以綜合場開幕式拉開活動大幕，由各協會組織和帶有各協會特色的展覽、展演、展映同時啟動，根據每年實際情況，舉辦六至八天。展覽、展演都在英雄廣場進行，展映在四平電視台主要電視頻道播出，不用門票，不設限制，全部免費觀看，來去自由。

由於「九月鮮花」文藝展演周是組合式多場次文藝展演，涉及十三個協會和吉林師大、四平職大、四平市藝校等二十餘家單位演職人員上千名，節目上百個，展品幾百件，所以承辦單位每年都認真總結經驗教訓，採取規範法組織活動，分解任務，明晰職責，及時提醒，專人督導，解決了組織工作的難題，連續八屆圓滿順利地舉辦。

　　「九月鮮花」文藝展演周藝術效果非常好。很多觀眾，白天看展覽，晚上看演出，回家看展映，一天不落，場場不落。尤其是文藝演出，一天換一場節目，天天新鮮，各文藝協會都突出特色，節目也風格各異沒有雷同，對不同需求的觀眾都能較好地滿足。各協會都彙集了全市頂尖的文藝人才，作品代表著全市一流水準，一般群眾平時難以看到，在「九月鮮花」展覽期間一齊展演出來，讓人看著過癮，流連忘返，因而形成了轟動效應，成為一道靚麗的文化風景。

▲　朝鮮族舞蹈《金達萊》

四平·第十二屆中國國際兒童電影節傳播優秀電影文化

二〇一三年九月十日晚，在合唱《張開銀幕的翅膀》激揚的歌聲中，四平·第十二屆中國國際兒童電影節開幕式在四平會堂盛大開啟。

本屆電影節薈萃了多姿多彩的電影藝術成果，搭建了世界兒童電影的交流平台，一批貼近生活、

▲ 第十二屆中國國際兒童電影節評委會主席、演員蔣雯麗（右二）主持頒獎

貼近時代、貼近少年兒童心靈世界的電影精品，啟迪少年兒童的童心、愛心和真心，成為全世界少年兒童的精神家園。

本屆中國國際兒童電影節為期五天，共有四十三部中外兒童片、動畫片參賽、展映，其中包括十五部國產片，以及來自十四個國家和地區的二十八部境外優秀影片，這二十八部境外影片絕大部分是首次與中國觀眾見面。由二百名中小學生組成的小評委評審團評選出多個兒童電影獎項。中小學生的廣泛參與成為本屆電影節的最大亮點，近百場的兒童片放映深入到四平市眾多的中小學校園和社區，來自世界各國的數百名電影藝術家到電影放映現場與孩子們交流。

能夠讓殘疾小朋友也參加到電影節活動成為本屆電影節的一大亮點。「我們與中國盲文圖書館合作，將入圍影片趕製成為盲文版電影。四平市的二百多位殘疾人少年兒童首次成為電影節活動的積極參與者。」本屆國際兒童電影節

▲ 參加四平・第十二屆中國國際兒童電影節與會中外朋友合影

主席、中國兒童少年電影學會會長侯克明說。

　　九月十四日晚，歷時五天的四平・第十二屆中國國際兒童電影節閉幕式暨頒獎典禮在四平會堂舉行。閉幕式上公布了十二項大獎獲獎名單，並進行了頒獎。

　　為期五天的電影節吸引了來自十多個國家的三十多位兒童電影嘉賓齊聚四平，相互觀摩最新作品，研討交流兒童電影發展大計。本屆電影節共有四十三部中外兒童片、動畫片參賽、展映，其中除十五部國產片之外，還有來自十四個國家和地區的二十八部境外優秀影片首次與中國四平觀眾見面。

動漫《七星傳奇》成為四平靚麗名片

　　四平年年文化傳媒有限公司二〇〇九年六月落戶在四平紅嘴經濟技術開發區。該公司將國際最先進的動漫管理流程及技術引入吉林，將動漫製作工藝提高十年以上技術指標，達到與國際持平。同時，引進國內外高端人才來四平，共同發展。

　　二〇一一年公司自成立以來，圍繞公司經營的範圍，全面開展原創產品的生產工作，共生產各種原創項目四十七個，共二四七〇分鐘。由年年文化傳媒有限公司製作了原創三維動畫片《七星傳奇》，這是以宣傳吉林為主要內容的一部作品，集吉林特色文化、厚重歷史和美麗傳說為一體。該項目總投資七千萬元，第一部二十六集在央視一套黃金時間首播，收視率達百分之一點七之高。該片播出以後引起了較大的轟動。國內外動漫專家對該片給予了高度的認可和評價。一舉榮獲了北京電影學院「產業貢獻獎」、吉林省「第十屆長白山文藝獎」等多項殊榮。《七星傳奇》登陸央視為四平打造了一張靚麗的城市名片，這是四平市動漫產業歷史上一個新的突破，填補了四平市在這一領域的空白，是四平市文化產業發展新的里程碑，對全市文化產業的發展具有極其重要的意義。該片除在央視首播外，還在全省六十二家縣、市級電視台播出。公司創作的《小蝸牛》《漂流瓶》《小葡萄》等微型原創動畫片也獲得了北京電影學院、中國動漫研究院頒發的各種獎項。

　　年年文化傳媒有限公司注重本土高級動漫複合型人才的培養，目前，已與省內二十家企業形成品牌戰略合作，為企業的發

▲ 各級領導深入公司調研

▲ 動漫《七星傳奇》宣傳畫

展開拓了更大的空間。二〇一〇年六月在市委、市政府和中國傳媒大學的支持下，公司成立了四平年年國際動畫學校，引進了北京高端一線技術師資，採取了國際領先的嵌入式教學方法，實踐與理論相結合，使教學與生產無縫對接，畢業生中一部分已經走上了中國傳媒大學、吉林師大的講台，還有一部分在公司教學、製作工作崗位，也有的畢業生被輸送到長春、北京、深圳等動漫企業，既滿足了本企業的需要，也為其他企業解決了燃眉之急。

現在，年年文化傳媒有限公司正在建設創意數字產業公共技術服務平台項目，該項目由省發改委立項、國家發改委批准，總投資 14143.59 萬元，占地二萬平方米，項目現已開工建設，內設七大服務中心、十大系統，主要設備五八七套，項目建成後能夠滿足二千人的工作服務能力，將成為全國領先的一站式創意數字公共技術平台。

四平火花精品架起海峽連心橋

　　火花，即火柴盒上的商標，作為社會一個階段發展的產物，在小小方寸之間鐫刻著時代的印記，見證著生活的變遷，濃縮著歷史的精華。它像各式各樣美麗的衣裳，覆蓋在火柴盒上，構成不同的畫面，綻放著璀璨的花束。它給人的是一種美的享受，這種美源於自然，高於自然。火花的設計者們用傳神之筆，去反映自然、社會的精髓，並把自己的感受、理解、美感流露在火花方寸畫面，去與觀賞者、使用者溝通，引起全社會、全人類的共鳴。

▲ 火花展品

　　二○一三年七月十八日至二十四日，四平市博物館「精品火花展」在台灣舉辦，引起台灣各界的廣泛關注。

　　本次赴台火花展在五天時間接待觀眾近三千人次，台灣媒體給予了充分報導。在《花藝家》雜誌上發表了四平市博物館火花專論文章二篇。期間，赴台展覽全體團員在修福金團長帶領下，先後拜會了中國國民黨中央副主席林豐正，新同盟會創始人、老將軍許歷農上將，中華僑聯總會理事長簡漢生、秘書長鄭致毅，中華花藝文教基金會董事長、中華兩岸遺產交流促進會理事長黃永

▲ 精品火花展赴台北展出開幕式

川，奇美實業股份有限公司創始人許文龍、董事長廖錦祥，黃復興黨部主委王愛榮等。

四平市博物館經過長期的辛勤工作，蒐集整理了近三萬枚火柴盒商標，幾年來在四平、長春、吉林、延邊等省內市州舉辦了多次火花展。這次台灣之行，精選了一八一二枚火花，設計了四十八塊展板，萬里迢迢，運到寶島展出，為促進兩岸交流做出了貢獻。

詩詞吟誦活動汲古融今傳承國粹

　　在四平地域，金代有王寂在韓州大明寺賦詩，清代有康熙、乾隆為葉赫題詩。清代第一詞人納蘭性德來葉赫祭祖時所作《滿庭芳》一首，氣勢沉雄，筆觸老辣。晚清設縣的奉化、懷德，設州、廳的伊通、遼源，皆有一批文人雅士，吟詩作賦，詠史寄懷。梨樹（奉化）錢開震、錢宗昌、趙萬泰、陳文焯，懷德榮文達、榮文祚、趙晉臣、趙晉勳等，皆留下許多優美的詩篇。

　　1987 年 8 月 4 日，四平市詩詞學會成立，田子馥任會長，在市電影公司召開了成立大會。李廣源、山月、王柏泉等為活動骨幹，發展會員，開展活動，創辦詩刊《遼畔餘韻》，先後共出刊八期，發表本省、本市和外地的詩作一二〇〇餘首，確立了四平在中華詩詞界的地位。

　　2006 年 8 月，以劉德會為首，恢復了四平市詩詞學會的活動，出版兩期《四平詩刊》。2008 年 5 月，經改選由張玉璞擔任會長，山月、呂小兵、劉長江、劉興才等任副會長，劉志昌任法律顧問，常務理事四十五人，理事七十二人，先後發展會員三百餘人。其中八十四人成為中華詩詞學會會員，一百五十餘人成為吉林省詩詞學會會員，出版《四平詩詞》十八期。市領導多次為《四平詩詞》作序。山月、劉志昌、白尚斌、宋敏、常柏林、劉長江、焦俊芳、周奎武、王樹棠、李平來、孫長春、孫玉學等多人出版了個人詩集。2012 年創建《遼畔吟旌》網站。

　　2014 年 5 月 28 日舉辦了紀念納蘭性德誕辰三六〇年端午詩會。8 月 28 日至 29 日，中華詩詞學會在四平召開了「走進納蘭性德祖地、感受詩情畫意四平」全國詩詞研討會，中華詩詞學會常務副會長李文朝、吉林省詩詞學會會長張岳琦、副會長張福有和詩詞界著名人士，四平市領導出席會議，這是四平市詩詞活動歷史上空前的盛會。會後將各方詩詞、詩論彙集成《詩詠納蘭》一書，由北京線裝書局出版發行。

第三章

文化名人

四平山川靈秀、人文薈萃，史上不乏藝苑名流，現實尤多文化名人。他們不僅享譽桑梓，光耀鄉親，而且以其不俗的文采、敏捷的才思、新穎的創造、高尚的人格垂範於文壇，造福於社會。近現代以來四平的思想文化領域，更是賢達輩出，眾多優秀人物引領潮流，助力四平的解放、建設和改革開放事業。

清初第一詞人 —— 納蘭性德

▲ 納蘭性德畫像

「山一程，水一程，身向榆關那畔行，夜深千帳燈。風一更，雪一更，聒碎鄉心夢不成，故園無此聲。」這首動人的《長相思》出自清王朝一位身分顯赫的滿人，他就是被譽為「清初學人第一」（梁啟超語）、「北宋以來，一人而已」（王國維語）的納蘭性德。

納蘭性德（1655 年至 1685 年），原名納蘭成德，為避皇太子保成之諱，改名性德；字容若，號楞伽山人，順治十一年十二月十二日（1655 年 1 月 19 日）出生於滿洲正黃旗。

說起性德，不能不提及他的家族。納蘭家族本是蒙古族，原姓土默特，金三十一姓之一，通常寫作納喇氏或那拉氏。性德的曾祖金台石是海西女真葉赫部的領袖。清太祖努爾哈赤還是建州部女真領袖時就娶了金台石的妹妹為妻，即孝慈高皇后，皇太極的生母。後來，金台石在對抗努爾哈赤統一東北女真的戰爭中，城陷身死。納蘭性德祖父尼雅哈隨葉赫部遷至建州，授佐領職。在滿清入關過程中，積功授職牛錄章京（騎都尉）。生長子鄭庫，次子明珠。明珠早年任侍衛，後遷升內務府郎中、內務府總管、弘文院學士、刑部尚書、兵部尚書、武英殿大學士、加太子太傅，又晉太子太師，成為名噪一時、權傾朝野的康熙朝重臣。而納蘭性德就是明珠的長子。

出身豪門的納蘭性德，自幼天資聰穎，讀書過目不忘，很小的時候就學習騎射，十七歲入太學讀書，深得國子監祭酒徐立齋的賞識，並被徐立齋推薦給

其兄內閣學士、禮部侍郎徐健庵。納蘭性德十八歲參加順天府鄉試，中舉人，十九歲準備參加會試，但因病未舉。康熙十五年（1676 年），二十二歲的納蘭性德再次參加進士考試，以優異成績考中二甲第七名。康熙皇帝授他三等侍衛的官職，以後升為二等，再升為一等。作為皇帝身邊的御前侍衛，以英俊威武的武官身分參與風流斯文的詩文之事。隨皇帝南巡北狩，遊歷四方，奉命參與重要的戰略偵察，隨皇上唱和詩詞，譯製著述，因稱聖意，多次受到恩賞，是人們羨慕的文武兼備的年少英才，帝王器重的隨身近臣，前途無量的達官顯貴。

作為詩文藝術的奇才，納蘭性德在內心深處厭倦官場庸俗和侍衛生活，無心功名利祿。雖「身在高門廣廈，常有山澤魚鳥之思」。他詩文均很出色，尤以詞作傑出，著稱於世。二十四歲時，他把自己的詞作編選成集，名為《側帽集》，後更名為《飲水詞》，再後有人將兩部詞集增遺補缺，共三四二首，編輯一處，名為《納蘭詞》。傳世的《納蘭詞》在當時社會上就享有盛譽，得到文人、學士等的高度評價，成為那個時代詞壇的傑出代表。除此，還有詩作三六二首流傳。

納蘭性德交遊廣泛。他深信只有親情、愛情和友情才是人生最可寶貴的財富。他的朋友遍及四海，有詩人、俠士、僧侶，各行各業、各個階層，但是每個朋友都是才華橫溢、聲名遠颺。當然，納蘭性德最交厚的師友大多是江南漢族文人。「以風雅為性命，以朋友為肺腑，以道義相砥礪，以學問相切磋。」他與顧貞觀、嚴繩孫、秦松齡、姜宸英等失意文士的交誼，體現了他真誠磊落的品格；而對官場的逢迎應酬，則為他所深惡痛絕。因科場案而被蒙冤流放至寧古塔二十餘年的江南才子吳兆騫，由於他的援救才得以生入榆關。這使他獲得了極高的社會聲望。

康熙二十四年（1685 年）暮春，納蘭容若抱病與好友一聚，一醉，一詠三歎，然後便一病不起，七日後於五月三十日溘然而逝，年僅三十一歲。他去世後，「哭之者皆出涕，為哀挽直詞者數十百人」，感嘆「失路無門者，又何

以得相援而相煦者也」,「傾穣下寒士之廣廈」,甚至喊出「追念哲人,飲恨吞聲;如其可贖,人百其身」的呼聲,反映了他感人至深的人格力量。

王謝堂燕知何去,唯有詞人華章傳到今。納蘭性德特立獨行,走出了一條自己的人生道路。他以才華和辛酸鑄成的藝術瑰品,因給人們以美的享受而不朽。

中共四平市委、政府領導十分重視對納蘭性德文化的珍視與傳承,於二〇一二年七月十八日成立了「納蘭性德研究會」,並舉行了揭牌儀式。

愛國擁黨的進步報人 ── 于樹中

　　于樹中（1921 年至 1946 年），遼寧省昌圖縣人，幼年喪母，隨父客居瀋陽艱苦度日。于樹中少年失怙，鄰居梅家憐其孤苦主動收養撫育，資助他讀完小學、中學。在中學讀書時便偷讀當時的日偽禁書《共產黨宣言》《海燕》等進步書籍，加深了對祖國的熱愛，對日本侵略者的痛恨。

　　于樹中酷愛文學，十七歲開始創作，發表過小說、散文、劇本等作品。他力圖用自己的作品傳播愛國思想影響讀者。一九四〇年于樹中畢業於奉天省第二國民高等學校。同年，與梅家女梅燕締結良緣，組成家庭。

　　于樹中一九四一年春踏入新聞界，先考入瀋陽「盛京時報社」，後到長春「康德新聞社」當編輯，一九四五年初被調到「康德新聞社」四平分社，主編「康德新聞」四平版。一九四五年八月東北光復後，四平的政治形勢很複雜，日偽殘餘勢力、偽滿警憲、特務充斥社會各個角落，對進步人士進行恐嚇、威脅。為團結群眾、保衛勝利成果，于樹中積極倡導成立了「四平市中蘇友好協會」，並被選為會長。在肖克俊、何心田等人協助下，中蘇友協先後創辦了《四平報》《遼北大眾報》《火炬》《中蘇文化》等報紙和刊物，以延安新華社電訊稿為主要消息來源。同時，還開闢了大眾閱覽室，組建了業餘劇團，接管了道裡電影院，上演新影片、新劇目和開展其他多種形式的文化宣傳活動。中蘇友協吸引、團結的群眾越來越多。後來，于樹中又倡議成立「社會科學研究會」「大眾文化同盟」，組織和引導青年知識分子研究、探討中國的富強之路，瞭解和宣傳中國共產黨及其領導的人民軍隊抗日救國、浴血奮戰的功績，從而擴大革命影響，使許多青年對中國共產黨的正確主張有了初步的認識和理解。于樹中於一九四六年三月十三日被國民黨特務殺害，時年二十六 歲。新中國成立以來，人民沒有忘記于樹中，在哈爾濱建立的李兆麟將軍紀念碑的一角，鐫刻著悼念于樹中的銘文；四平人民常以各種方式緬懷這位志士。二十世紀五

〇年代初，殺害于樹中的特務被四平市人民法院正法。十九八二年，經民政部門批准，于樹中被追認為烈士。

評劇「四大名旦」之一——筱桂花

▲ 筱桂花

筱桂花（1908 年至 1988 年），原名張麗雲，評劇女演員，工旦。原籍河北容城。一九二二年，十四歲的筱桂花為給其養父辛國斌唱戲掙錢，在天津拜孫鳳鳴（東發紅）為師，學演青衣花旦，與孫家班女徒弟落子坤角花蓮舫、李金順學唱評劇。因為當時坤角方興，嗓音又高又亮的筱桂花演唱的《回杯記》《小姑賢》《因果美報》等戲很叫座，為此便與同齡唱戲的白玉霜、劉翠霞、同班學戲的李金順並稱評劇「四大名旦」。

不久，筱桂花隨孫家班巡演於濟南、青島、大連、天津，與白玉霜、黃翠舫等合作唱戲，在評戲發祥地天津嶄露了頭角，並且越唱越紅，使她一時名噪大連、天津。其間，筱桂花又與京劇、梆子演員張春山等合演京評、京梆評「兩合水」「三合水」劇目《發財還家》。一九二七年二月，筱桂花隨同辛國斌到哈爾濱唱戲，因《馬寡婦開店》一炮走紅。一年以後，她離開哈爾濱，到瀋陽公益舞台唱戲，依然常年客滿。她演唱的《孟姜女哭長城》產生很大反響，成為她的代表劇目。一九三一年九一八事變後，處於唱戲低潮中的筱桂花又到哈爾濱演出，上演了文東山編劇的《孟姜女》《昭君出塞》《義烈奇冤》《貧女淚》等戲。這時期，筱桂花結識了奮鬥時期的作家肖軍，並上演了肖軍編劇的時裝評劇《馬振華哀史》。因為筱桂花勇於採擷眾華融為己用，把李金順、碧蓮花、張春山等人的長處學來，形成自己高亢、粗獷、豪放、板頭瓷實的風格，使她成為「奉天落子」時期的主要代表

▲ 1963 年 3 月，在瀋陽會晤韓少雲（前排左）、筱俊亭（二排右一）等

▲ 1980 年 5 月會晤來訪的中國評劇院音樂家賀飛（右）

人物。筱桂花先後灌製了《孟姜女哭長城》《昭君出塞》《馬振華投江》《馬振華脫逃》《火燒紅蓮寺》《人頭告狀》《丑開店》等唱片十二套，至 1943 年共灌製唱片四十套。

1952 年筱桂花以一個流動演員的身分來到四平市評劇團。為配合《婚姻法》宣傳，她出演了老旦田母，演出了新時代的藝術作品，她主動放棄高薪待遇，三次降低工資，捐款創辦了「麗雲小學」。並以獻身精神甘為青年演員演配角，熱心為評劇事業培養人才。1962 年 1 月吉林省文化局、省劇協、四平專署文教處、四平市文化局聯合舉辦「筱桂花演劇生活四十年紀念會」。全國評劇藝術家和理論家雲集四平，暢敘友誼。市評劇團的王彩雲、唐淑蘭、鳳鳴蓮等在會上拜筱桂花為師。1964 年筱桂花在評劇《楊金花奪帥印》中又一次出演老旦佘太君。她的老旦唱腔蒼勁有力，剛健樸實，填補了她唱腔藝術上的空白。1977 年她回歸藝術崗位。1988 年 10 月 19 日病逝於四平，終年八十歲。筱桂花生前 1964 年曾被選為第四屆全國政協委員，被評為文藝三級演員。

▲ 1985 年筱桂花（前排左二）與省市文化部門領導在一起

丹青一品、國畫名師——高盛連

▲ 高盛連老先生在作畫

高盛連（1912 年至 2002年），遼寧昌圖人，字興久，別號曉蓮。畫室名靜思軒、大硯齋、九思齋。六歲隨父學畫，稍長拜本縣梁冠山先生學畫，並苦練《芥子園畫傳》，主要依靠個人自學成才。中學畢業後入四平師道學校。後輾轉任職於遼北、遼西各校、四平師範學校、四平師範專科學校，培養美術人才。

1958 年吉林藝術專科學校成立，由時任吉林省委宣傳部長宋振庭提名，將高盛連從四平師專調入吉林藝專任花鳥畫教員。1962 年夏，省委宣傳部、省美協舉辦孫天牧、高盛連、李子喻、佟雪凡等六人畫展，在全國引起轟動，畫家代表作在《吉林日報》發表。1964 年春高盛連去長白山寫生，將大自然的魅力融入創作，繪成《長白花卉》一百幅（冊頁）與觀眾見面，多幅作品在省獲獎。七〇年代初落實政策，調到四平地區文化系統，政治上得以平反。八〇年代是高盛連創作的第二個高峰期，《發展副業養雞好》《歲朝清供》在全國美展獲最佳國畫獎。《長白九月花爛漫》《長白花卉》等參加香港北國風情畫展並獲獎。並有作品被美、日、新加坡、港澳、聯合國教科文組織收藏。《長白花卉》二十一米長卷於 1988 年被吉林省博物館收藏。高盛連博學多才，詩、書、畫、印皆精，人物、山水、花鳥俱臻善境。不但結成《畫竹技法》《怎麼畫寫意花鳥》《長白山花卉寫生》等畫集，還有《黃河流域詩畫》《中國畫簡史》《字的品評與書法》等三十餘萬字的著述問世。

生前為吉林省美術家協會常務理事，四平市美術家協會名譽主席，吉林省

美術教育研究會、北國書畫社、四平書畫院藝術顧問，四平市政協委員。作品和傳略被收入《中國美術家名人錄》《世界當代書畫名家大辭典》《世紀華人藝術家》等典籍。二〇〇二年病逝於四平。

▲ 高盛連畫作

▌四平評書第一人 —— 李桐森

　　李桐森（1919 年至 1990 年），原名李宗周，曾用名李蔭起，李俊起，藝名李桐森。河北省寧河縣蘆台鎮人。中國曲藝家協會會員，吉林省曲藝家協會理事，四平市曲藝家協會理事（曾任過副主席）。

　　李桐森童年家境貧寒。父母以做笆子和賣糖葫蘆維持生計。謀生中他見到說評書的藝人很賺錢，便自讀《三國演義》《水滸傳》，自悟練習說書，後到秦皇島永盛軒茶館拜李正鐸為師，求得表演技藝上的點撥。一年後便自己在昌黎、山海關打地兒說書。出關後，為取得評書界的名門正宗，拜柯門著名評書藝人金慶鑾為師，學得書目《火燒紅蓮寺》。此後便在東北的錦西、溝幫子、牡丹江、佳木斯、伊春、寧安、海林等地作藝。

　　解放後，李桐森深深地意識到作為社會主義文藝工作者的責任，他除堅持說演健康的傳統書目外，還積極配合黨和政府的中心工作，編演新書小段。一九五九年加入四平市曲藝團後，政治熱情更高，為配合黨和政府的中心工作，他一夜之間就創編了二十多個新書小段，適合編快板的他就編快板，適合寫唱詞的他就寫鼓詞說鼓曲兒。一九五九年他就在茶社說演了新書《呂梁英雄傳》。他還應四平市廣播站和廣播電台之邀，於一九六一年到廣播站和電台為四平市廣大聽眾播講了傳統評書《岳飛傳》《三國演義》和《水滸傳》。一九六四年全國文藝整風中，中央要求「說新唱新」，李桐森積極響應號召，創編和說演新書，由茶館說到電台，並去工廠、農村、街道和學校去說。他同時多年堅持為孩子們無償說演革命故事，對孩子們進行革命傳統教育。曾被聘為校外輔導員。市委贈送的獎狀上寫道：「在教育少年兒童工作中成績顯著，特發此狀以資鼓勵。」為此，吉林日報記者曾於一九六四年三月十日《吉林日報》頭版報導了李桐森的說新唱新活動，其報導題目是：《評詞藝人李桐森》。一九六三年起，李桐森曾先後兩次被群眾推選為四平市第五屆、第六屆人民代表

和四平市鐵西區政協委員，並於一九八〇年出席吉林省第四次文代會。

　　老年的李桐森壯心不已，辛勤地致力於評書創編和評書表演技藝的研究工作。他與四平市文聯副主席楊維宇合作，根據梁斌長篇小說《播火記》中張嘉慶動員李雙泗參加抗日救國鬥爭的主要情節，改編成中篇章回小說《轉山湖女俠》。此書先以十萬字章回體刊於黑龍江省的《章回小說雜誌》（1958 年第 1期）。後以十五萬字的單行本出版，發行全國。還有李桐森口述，趙高山整理，發表了關於評書說演經驗的總結探索文章《評書淺探》《評書淺探》續一、續二，約二十萬字。《評書淺探》及續一、續二，先載於《吉林曲藝通訊》《吉林曲藝叢刊》和《說唱藝術》，後由編輯易名為《評書幾種藝術手法》刊於中國曲藝家協會《曲藝藝術論叢》一九八一年第一、二輯上面，最後被收入《中國新文藝大系》（1976-1982 理論三集）一書，並在香港展出。《評書淺探》一文一九八八年還獲得了四平市第一次社會科學成果評比二等獎。

師法自然、與鶴共舞的國畫家——鄧文欣

▲ 鄧文欣

鄧文欣（1936 年-　），遼寧阜新人。字子鶴，號那立閃人，室名鶴鳴園。曾任首屆吉林省四平市書畫院院長，四平市美術家協會主席，為中國美術家協會會員，國家一級美術師，四平市書畫家文化藝術研究會會長。

1961 年和 1962 年，作品《喂雞》《好好學習天天向上》分別榮獲吉林省美展一等獎，並由吉林人民出版社出版年畫、宣傳畫發行。宣傳畫《好好學習天天向上》曾用做小學低年級課本封面。

1984 年 10 月和 1989 年 6 月，作品《鶴鄉曲》《知音》參加全國第六、七屆美展。1990 年 9 月和 1995 年 10 月，應台灣中國美術家協會、國際文人畫家總會和中華國際文化交流協會之邀，赴台參加首屆「海峽兩岸教授、美術名家創作交流研討會」和海峽兩岸「第一次美術展覽大會」，並被聘為中國美術家協會、國際文人畫家總會常務理事，同時在台灣舉辦個人畫展。

1995 年 7 月和 2005 年 4 月，應日中友協之邀，兩次出任四平市訪日團團長，赴日本進行文化交流並舉辦四平市書畫展。

▲ 參加中國書畫世界行高峰論壇（泰國·2014）榮獲金星獎

▲ 《無塵的世界》

▲ 《塞外銀花》

2004 年 3 月和 2004 年 5 月，應全國人大常委會北京人民大會堂和中共中央辦公廳毛主席紀念堂之邀，繪製巨幅國畫《松鶴迎春》《路漫漫》和《征程》。2006 年 5 月和 2006 年 6 月，為聯合國繪製《家園》和為安南秘書長繪製《松鶴長春》，由聯合國和安南收藏。

多次赴香港、台灣、日本、馬來西亞、新加坡等國家、地區舉辦畫展、講學和文化交流。其作品曾以吉林省文化廳、四平市政府及市長的名義餽贈有關國家領導人、國際友人、商界要人。在任職期間，多次被評為吉林省文化廳先進個人，四平市先進工作者、先進個人，四平市精神文明先進個人、標兵等榮譽稱號。又曾榮獲「四平科學大會獎」「四平市自學成才獎」，被授予「吉林省文藝創作積極分子」稱號，吉林省二分之一世紀．吉林文化藝術活動中「有卓著貢獻的藝術家」榮譽稱號。由於業績突出，貢獻卓著，退休年齡延至 66 歲，享受省廳級待遇和政府津貼。

出版畫集有：《山水花鳥畫譜》《鄧文欣仙鶴畫集》《文欣畫鶴》《中國當代美術精品集鄧文欣專集》《鄧文欣畫集》《畫鶴圖譜》《鄧文欣國畫新作》《鄧文欣鶴作郵票珍藏冊》等。

以刀傳情的木刻家——方井龍

方井龍（1928年-　），筆名鐵牛，遼寧省昌圖縣人，係吉林省知名木刻家，四平木刻第一人。一九五四年畢業於東北魯藝學院繪畫系，從一九五一年開始從事美術教育和美術創作工作。

中國美術家協會會員，原吉林省美術家協會名譽理事，四平市美術家協會名譽主席，全國美術教育研究會會員，吉林省美術教育研究會理事，當過小學、中學、大學美術教師，報

▲ 方井龍

社美術編輯，美術專業創作員，副教授，擅長木刻。五十餘年在東三省、全國報刊、美展共發表和展出百餘種作品，在木刻界有廣泛的影響，培養的學生有多人成為木刻專業畫家。主要作品有：《山村小學》（木刻）《塞外二月》（套色木刻）《山溝新家》（木刻）《遼河岸上》（套色木刻）《人民公僕》（木刻）《晨曲》（套色木刻）《隊日》（套色木刻）。一九七九年由四平地區文化局、文聯舉辦《方井龍同志個人版畫展》。一九五四年參加編寫遼西省教育廳主編初中圖畫課本。傳略入《中國現代美術家大辭典》《吉林省大學教授人名鑑》《世界當代書畫篆刻家大辭典》等。退休後仍捏刀向木，從事木刻創作及堅持畫東北農村風韻鋼筆畫，至今已畫出九六〇餘幅。

▲ 《人民公僕》（木刻）

▲ 《拂曉》（木刻）

▲ 《拂曉》（木刻）

傳道授藝的美術教育家——王警鐘

▲ 王警鐘

王警鐘（1938年10月- ），吉林省雙遼市人，吉林省著名國畫家。一九五九年考入魯迅美術學院美術教育系。一九六一年參加工作，是中國美術教育研究會會員，吉林省美術家協會理事，吉林省少兒藝術研究會理事，四平美協副主席，四平書畫院副院長、顧問，吉林師範大學美術學院院長。

一九六一年畢業分配至大連市文聯，在《海燕》雜誌作臨時編輯工作。在此期間創作《海上木蘭花》連環畫（35幅）發表在《連環畫報》《解放軍報》《大連日報》並被北京電影製片廠製成幻燈片，隨電影播放。一九六三年回到雙遼，在縣文化館工作。創作大量的美術作品，除參加省、市美展外，大都發表在《吉林日報》《紅色社員報》《四平日報》《光明日報》《人民日報》等報刊上。一九八七年調入四平師範學院（現吉林師大）任藝術系主任，組建藝術系並招生，組織教學。在高校這段時間裡恢復了美術創作，創作了大批的繪畫作品。研習了東北風情的山水畫，並以東北風雪山水見長，受到了名家的好評。作品在《人民日報》《中

▲ 王警鐘山水畫集

國文化報》《中國書畫報》《中國美術報》《美術》《美術大觀》《美術世界》等
報刊發表近百幅。參加中國第一屆山水畫展，收在畫集中。參加海峽兩岸山水
畫展，畫集收錄。同年獲加拿大「楓葉杯」優秀獎。獲全國體育美術展覽優秀
獎、吉林省群眾美術展優秀獎。應日中友好協會之邀在日本舉辦二人聯展。曾
獲中國藝術研究院提名獎，全國教師美術展優秀獎，《國畫家》雜誌主辦精品
小品大賽獲優秀獎，北京東方美術館舉辦美術家交流展獲銀獎。《山水一夜雨》
被收藏。兩幅山水畫收在《當代美術家畫集》中，《長白飛雪》在《美術》上
發表。出版個人畫集《王謦鐘山水畫集》（共 41 幅）。

▲ 王謦鐘作品被收入《當代繪畫藝術》

帶著畫筆和相機闖天下的記者 —— 于雲飛

▲ 于雲飛

　　于雲飛（1952 年- ），公主嶺市人，一九七七年畢業於東北師範大學。中國新聞攝影學會會員，吉林省美協理事，吉林省作家協會、攝影家協會會員，《四平日報》副總編輯。

　　三十餘幅美術作品發表於《人民日報》《中國旅遊報》《新民晚報》等報刊，二幅分獲中國地市報一等獎；四幅入選吉林省美展，一幅獲佳作獎（二等獎）；出版《曉雲畫集》。攝影《她要買路錢》獲第十五屆全國優秀新聞攝影金獎，獲獎消息發表於《新聞出版報》《中國新聞攝影報》《吉林日報》；攝影《要想富發展專業戶》獲「樂凱杯」全國地市縣報總編輯新聞攝影大賽三等獎，獲獎消息在《中國記者》《中國攝影報》刊載；三幅攝影作品分別被《中

▲ 于雲飛（左四）《天南地北》作品展與同行在一起

國地市報》評為銀獎。著有《故國獨行》《輕叩山門》《同一片天》《燕遼散記》
《關山孤旅》等散文隨筆集。散文《精緻揚州》獲第二十屆中國新聞獎報紙副
刊初評銅獎，一篇獲全國報紙副刊年度評獎二等獎、二篇三等獎；三篇吉林省
報紙副刊一等獎、四篇獲二等獎、四篇獲三等獎；一篇獲吉林新聞獎二等獎、
一篇三等獎。論文《總編輯要重視報紙美術》獲東北三省報刊論文評選一等
獎，一篇獲吉林省報紙理論一等獎、二篇二等獎，在省以上刊物發表論文八
篇。

▲ 作品《她要買路錢》獲十五屆全國優秀　　▲ 獲地市級報總編輯貢獻獎，攝影作品評選金獎
　新聞作品金牌

透視關東文化的理論翹楚——楊樸

▲ 楊樸

楊樸（1953 年-　），吉林師範大學文學院院長，省級人文社會科學重點研究基地東北文化研究中心主任，省級重點學科文藝學學科帶頭人，吉林省有突出貢獻的中青年專家（1996 年），國務院津貼獲得者（2010 年），吉林省教學名師（2007 年），吉林師大教學名師，四平市十佳社科學者，四平市勞動模範，四平市市管專家，四平市文化名人。長期從事東北二人轉研究並取得重大突破。曾經獲得國家「九五」社科重點立項，其成果曾經獲得吉林省社科二等獎、三等獎、吉林省長白山文藝獎；出版專著兩部：《二人轉的文化闡釋》《二人轉與東北民俗》。發表論文《二人轉與聖婚儀式》等五十餘篇。楊樸以文化人類學方法為二人轉找到了文化之根，把二人轉與東北文化連繫在一起，為二人轉找到了文化的源頭和原型。

楊樸的「經典重讀」取得重大突破。「經典重讀」為省社科規劃項目，在《文學評論》《學術月刊》《文藝爭鳴》等重要刊物發表論文二十多篇，其中關於《荷塘月色》的研究，被《名作欣賞》全文轉載，並在《學術月刊》等重要刊物引起長時間爭鳴。專著《美人幻夢的是是非非——〈荷塘月色〉

▲ 楊樸出版的《二人轉與東北民俗》《二人轉的闡釋》等著作

▲ 採訪二人轉藝術家王忠堂（左）

的探討與爭論》由吉林人民出版社出版。楊樸在學科建設中的重要貢獻：1.成為省級重點基地東北文化研究中心的學術帶頭人。二〇〇四年由楊樸發起並牽頭成立了東北文化研究中心，組建了東北文化研究學術團隊，在東北文化研究方面取得重要成果，並產生重要影響。二〇〇七年東北文化研究中心被教育廳確立為省高校人文社科重點研究基地。2.成為省級重點學科文藝學學科的學術帶頭人。由楊樸作為學術帶頭人的文藝學，由於文藝學研究上的突出成績，二〇〇六年被教育廳確認為省級重點學科。3.成為國家「特色專業」建設項目的負責人。

一代評劇名伶——王彩雲

▲ 王彩雲 50 年代演出《梁祝》劇照

王彩雲（1933 年至 2009 年），女，遼寧瀋陽人。四平市評劇演員。她十歲拜京劇演員孔新普為師學習青衣、老旦表演藝術。十四歲在唐山、天津等地登台唱主演，且曾與評劇表演藝術家筱俊亭、花淑蘭、韓少云、王曼玲同台唱戲。十六歲開始帶班主演於山東、石家莊、林青、衡水、大連、海城、瀋陽、錦州等地。一九五七年留聘於四平市評劇團。一九六二年拜評劇表演藝術家筱桂花為師，與筱桂花同台作藝多年。其代表劇目有評劇《楊八姐盜刀》《楊金

▲ 王彩雲 50 年代演劇照

▲ 王彩雲 60 年代演劇照

花奪帥印》《對金瓶》《梁祝》《唐伯虎點秋香》《碧玉簪》《杜十娘》《半把剪刀》，現代戲《小二黑結婚》《紅岩》《紅霞》等。

她從藝四十餘年，演唱劇目百餘齣，在關內外評劇界有較為廣泛的影響。她很注重對戲曲表演藝術的鑽研，尤其對評劇青衣、花旦的表演藝術有較深的造詣。作為筱桂花的傳人，她的演唱潑辣奔放，板頭沉實，音域開闊，音色醇厚，韻味獨特，意蘊撩人，不單在本省觀眾中久有影響，也至今為遼南一帶觀眾所喜愛。一九八〇年離休。離休前曾任四平評劇團副團長、名譽團長，吉林省政協委員，中國戲劇家協會吉林分會會員，獲國務院津貼。二〇〇九年去世。

▲ 1982 年王彩雲（左二）與局、團領導在一起

兼擅京評的演藝奇才——鳳鳴蓮

▲ 鳳鳴蓮

鳳鳴蓮（1930 年- ），女，遼寧瀋陽人。八歲師承蔡福麟學京戲，專攻梅派青衣、花旦。後專攻京劇海派及荀派花旦、閨門旦，之後又向師姐胡蕊琴、秦友梅等學京劇程派、尚派。一九六二年拜著名評劇表演藝術家筱桂花為師，學習評劇。

她曾在京劇《玉堂春》《紅娘》《紅樓二尤》《香羅帶》《誆妻嫁妹》《鎖麟囊》《福壽鏡》《戲迷小姐》《文君私奔相如》與評劇《春香傳》《追魚》《雪地紅顏淚》《白蛇傳》《秦香蓮》《武鹽娘》《家》《戲迷小姐》《天雨花》《文君私奔相如》等劇目中擔任主演或重要角色。她扮演的閨門旦、花旦，表演細膩，扮相秀媚俏麗，身段輕盈，唱腔委婉流暢，嗓音能高能低，運用自如。她演唱《戲迷小姐》時，一人演唱楊四郎與鐵鏡公主兩個角色，均不失老生與旦角韻味。在唱腔與表演方面，她能自編自導，創腔錄譜，並勇於運用藝術理論，突破舊程式，將京、評揉為一體，形成了自己的的演唱風格，因此曾獲優秀表演獎，並在瀋陽、天津、唐山、大連等地產生影響。一九八七年退休。獲國務院津貼。

▲ 50 年代鳳鳴蓮演出《霸王別姬》

▲ 60 年代演出《野火春風鬥古城》

▲ 1955 年鳳鳴蓮演出《春香傳》劇組全體合影

▲ 在家中練功

影視大戲中「老爸」的飾演者——賈鳳森

▲ 賈鳳森

賈鳳森（1937 年- ），吉林省九台縣人，祖籍山東省登州府黃縣。全國知名的話劇、影視表演藝術家，國家一級演員，中國戲劇家協會會員，四平市話劇團副團長。

五十多年來參與話劇演出三百餘場。其中在三十多個劇目中擔任主要角色，其中包括《東進序曲》《八一風暴》《記憶猶新》《霓虹燈下的哨兵》《萬水千山》《雷雨》《女飛行員》《千萬不要忘記》《豔陽天》《淚血櫻花》《少帥傳奇》《獵狼》《郭松齡反奉》等。

曾參加眾多影視劇拍攝，其中在《人間正道》《大雪無痕》《紀委書記》《愛了散了》《飛越老人院》中擔任主要角色。他扮演的父親角色，質樸自然，樹立了自己的本色形象。在紀念中國話劇百年大會上，被吉林省文聯授予「突出貢獻獎」的終身榮譽稱號。退休後，曾在駐北京的長春電影製片廠演員劇團影視培訓中心從事為期五年的輔導工作，使眾多青年演員受益匪淺。

▲ 話劇《郭松齡反奉》主演（右一）

▲ 電影《飛越老人院》劇照

▲ 賈鳳森（左三）主演話劇《光輝道路》（1978 年）

▎著名電視製片人 —— 張岱君

▲ 著名電視製片人張岱君在頒獎現場

　　張岱君（1943 年至 2014 年），吉林省扶餘縣人，一九六三年畢業於四平藝術學校。著名電視藝術製片人。歷任四平話劇團團長、四平吉劇團團長、四平戲曲劇團團長。國家一級演員。一九九一年調入四平電視台任編導、製片人、主任編輯。吉林省戲劇家協會會員、吉林省電視藝術家協會會員、四平電視工作者協會副主席、中國電視劇製片人協會會員。

　　曾在話劇《赤道戰鼓》《邊哨風雲》《兵臨城下》《楓樹灣》《光輝道路》《報

▲ 製片人張岱君（左一）、編劇陸天明（中）、
導演雷獻禾在《大雪無痕》拍攝現場

▲ 製片人張岱君（左）與攝像張颮在《大雪無痕》拍攝現場

▲ 1965 年張岱君（右一）主演話劇《赤道戰鼓》

春花》《於無聲處》及電視劇《旅程》《喋血四平》中擔任主要角色。

參加創作的話劇《道德的審判》獲一九八二年吉林省文藝會演編劇二等獎，話劇《小樓軼事》獲一九八四年吉林省文藝會演編劇三等獎。

組織創作、拍攝的大型電視連續劇《還鄉》《大雪無痕》《小巷總理》《陽光路上》等均在中央電視台播出。曾獲「五個一工程」獎、「飛天」一等獎、「金鷹」一等獎、「金劍」一等獎等國家大獎。

話劇、小品創作的中堅人物——苗向陽

▲ 苗向陽

苗向陽（1940 年- ），長春市人，祖籍河北樂亭縣，國家一級導演。曾任中國話劇藝術研究會會員（東北分會理事）、吉林省戲劇創作中心創作員、吉林省劇協理事、四平劇協主席、中國戲劇家協會會員、四平話劇團導演兼業務團長、四平戲劇創作室主任兼黨支部書記等職。曾執導不同風格不同題材的大小劇目六十多部。其中，自編自導的大型話劇有七場話劇《郭松齡反奉》、無場次話劇《太陽女》、多場次話劇《黎明前撤退》、多場次話劇《韓家娘們兒》、七場話劇《啊·豐碑》、無場次話劇《同是天涯淪落人》《特邀代表》等。創作小品、小戲三十餘件。其中自編自導的小品小戲有《祝你平安》《公費方便》《夜半更深》《爺爺慢走》等。撰寫論文、隨筆及導演闡述九篇，累計發表在省級以上刊物文稿約百萬字。

多年來，在中國戲劇家協會、中國曹禺戲劇文學獎以及中國話劇藝術研究會、中央電視台、東北地區、華南地區、華東地區及吉林省主辦的各類大賽

▲ 苗向陽獲獎證書、獎牌

評獎中，獲編劇和導演獎約四十多次，獲一等獎十三次。在紀念中國話劇百年大會上，因本人為中國話劇事業做出了斐然成績，特由吉林省文學藝術界聯合會、吉林省文化廳、吉林省戲劇家協會授予「突出貢獻獎」的終身榮譽稱號。二〇一一年，在慶祝吉林省戲劇家協會成立五十年頒獎大會上，由吉林省文聯、吉林省文化廳、吉林省戲劇家協會授予「優秀戲劇管理者」的終身榮譽。

▲ 排演現場

▲ 與著名表演藝術家李默然合影

德藝雙馨的四平形象大使——李玉剛

　　李玉剛（1976 年- 　），吉林省懷德縣人。中國歌劇舞劇院國家一級演員、全國青聯委員、四平市藝術團副團長。四平市志願者形象大使。他在舞台上遊刃有餘的表演，將中國民族藝術、傳統戲曲、歌劇輔以時尚包裝。

　　二〇〇六年，獲央視「星光大道」年度季軍。二〇〇七年「凡花無界」北京演唱會反響空前。二〇〇九年悉尼歌劇院「盛世霓裳」演唱會受世界矚目並獲悉尼市政府頒發的「南十字星」文化金獎。二〇一〇年「鏡花水月」演唱會全球巡演十一場盛況空前。二〇一一年主演歌舞詩劇《四美圖》在國家大劇院連續上演三場，並創造一天全部售光演出票的佳績。於二〇一二年巡演五十餘場，在中央電視台春晚上演唱歌曲《新貴妃醉酒》而更受矚目。

　　從一九九八年到二〇〇六年，整整八年時間，李玉剛都在學習男扮女裝。也正因為這樣的表演方式才會被全國的老百姓所喜歡所接受，才成就了今天的李玉剛。二〇〇九年對李玉剛來說，是很不平凡的一年，從中國歌

▲ 李玉剛與四平藝術團演員在排練中

劇舞劇院國家一級演員到悉尼歌劇院個人演唱會，憑自己的能力和實力，李玉剛得到了演藝界前輩的認可。認為中國的傳統藝術在李玉剛身上還是得到了傳承和弘揚，並希望李玉剛會繼續創作出一些好的作品，能夠立足中國的傳統藝術、傳統文化。

　　在二〇〇八年的汶川大地震中，李玉剛不僅自己慷慨解囊，以個人名義捐

▲ 李玉剛（右）與朱軍在一起

出十一萬元，還代表「剛絲」及全體工作人員共捐出十六點二萬元。此後更是親自前往四川災區看望兒童，為重建災區貢獻出自己的一份力量。二〇一〇年，玉樹災害中，他慷慨捐資十萬元；家鄉吉林省水災中，捐資十萬元。此外，他曾多次參加各類義演活動。二〇〇八年八月二十一的馬來西亞義演，頗受好評，被馬媒體譽為「驚為天人」。其代表作《新貴妃醉酒》在二〇〇八年被選為第十七屆中國金雞百花電影節的背景音樂。

▲ 李玉剛在表演長綢舞

四平曲藝創作的一支神筆——段崑崙

　　段崑崙（1942 年-　　），吉林省洮南人，又名了然公、塞北老怪、北郭老等，國家一級編劇。四平市戲劇創作室創作員。一九六六年畢業於四平師專，初為中學教員，一九七二年始從事專業戲劇創作。曾為中國戲劇家協會會員，中國戲劇文學學會會員，吉林省戲劇家協會理事，四平市戲劇家協會副主席。

　　曾發表大型戲劇《幽谷》《綠韻》《強盜太守》《尷尬》《雪韻》等十餘齣，發表短劇《包公夢》《罵鴨》《圈套》《偷禍》《銅大缸》（合作）等二十餘齣，發表曲藝作品二十餘篇，論文、散文、詩歌、遊記及隨筆等若干。作品題材多關注生命、環境及自然生

▲ 段崑崙

態，在藝術上追求標新立異，詼詭溟玄，重逸趣，重東方寫意精神。拉場戲《銅大缸》（同李桂仲合作），一九八五年獲省創作二等獎。小吉劇《罵鴨》，一九八七年獲省政府長白山文藝獎；一九九二年該劇又在全國蘭州戲曲、小品大賽中，獲優秀劇目獎，優秀編劇獎等五個獎項，名列戲曲組獲獎榜首。拉場戲《偷禍》在一九九四年東北三省牡丹江東帆杯戲劇小品廣播電視大賽中獲優秀編劇獎。同年，該劇在省十二屆二人轉新劇目推廣會上獲創作一等獎；一九九五年一月，該劇在全國哈爾濱二人轉調演中獲編劇二等獎。小戲曲《空山鳥語》在一九九三年東北三省四平爭雄杯戲劇小品大賽中，獲優秀劇目一等獎；一九九四年該劇在省十二屆二人轉新劇目推廣會上獲創作一等獎。戲劇小品《佛鼠》在一九九六年全省二人轉、小品調演中獲編劇二等獎。多場次話劇《綠韻》，一九九一年獲省戲劇文學飛虎獎一等獎。大型戲曲《一個不安的靈

魂》，一九九二年獲省戲劇文學飛虎獎二等獎。大型戲曲《酒韻》，一九九九年獲省戲劇文學文華獎二等獎。二〇一一年吉林省文聯、省文化廳、省劇協授予「最具影響力的戲劇藝術家」終身榮譽。

▲ 《偷禍》獲東北三省「東帆杯」

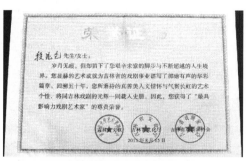

▲ 獲省最具影響力戲劇藝術家榮譽稱號

▲ 1989 年段崑崙戲劇研討會

唱響「夕陽紅」的音樂使者──鄧儉

鄧儉（1932 年- ），吉林省懷德縣人。一九五一年七月參加工作。歷任懷德縣小學、中學教師，懷德縣文工團團長，四平專區藝校秘書，四平地委宣傳部文教科幹事，四平地區文工團團長，四平市群眾藝術館館長，四平市音樂家協會主席等職。副研究館員。

▲ 鄧儉

在市群眾藝術館任館長期間，在挖掘整理民族、民間音樂藝術遺產工作中，一九八二年獲得文化部、國家民委、全國藝術科學規劃領導小組授予「民族民間音樂藝術遺產的挖掘、整理工作貢獻獎」。吉林省授予完成「中國民歌集成」吉林卷編撰工作一等獎。在任四平市音樂家協會主席期間，由於在繁榮音樂創作，舉辦與開展各種音樂活動，大力培養音樂人才，努力完成省和國家佈置的全國民族民間音樂藝術遺產挖掘、整理和民歌集成等工作中成績顯著，於一九九八年八月獲吉林省文學藝術界聯合會頒發的榮譽證書。

▲ 歌曲《金達萊，故鄉的最美》獲歌曲創作金獎

一九九〇年十月被中國音樂家協會授予作曲家稱號。為中國音樂家協會、中國社會音樂研究會、中國群眾文化學會、中國著作權協會等會員。吉林省音協、社會音樂研究會、合唱指揮學

會、少兒藝術研究會、體育舞蹈協會、群眾文化學會副會長、副秘書長和理事。四平市音協名譽主席，體育舞蹈協會副主席。從事音樂創作六十年，在各級報刊發表創作歌曲一千七百餘首，二五〇餘首獲獎，其中二十四首獲國家級金獎。《神州歌海》編委會，於二〇一〇年四月授予鄧儉「中國群眾創作歌曲大賽『歌海群星金牌獎』」。被吉林省文化廳授予「業餘文藝創作積極分子」稱號。

▲ 歌曲《白衣天使播種春天》獲金獎

▲ 歌曲《白衣天使播種春天》獲金獎

四平舞蹈的奠基人 —— 林英玉

　　林英玉（1937 年-　），女，朝鮮族，吉林省四平市人。祖籍黑龍江省海林縣，1954 年參加中國人民解放軍空軍政治部文工團。在部隊期間，她經受了嚴格刻苦的舞蹈訓練，經常到各部隊慰問演出，她把自己的青春年華和舞蹈藝術奉獻給了人民空軍。1960 年 12 月轉業至地方分配至四平市地區藝術學校任教師；1963 年 7 月至 1970 年 6 月在四平市文化館任教；1970 年 7 月至 1979 年 4 月任四平地區文工團教練編導；1979 年 5 月至 1986 年 3 月任四平市藝術館文藝部主任；1984 年擔任四平市舞蹈家協會主席、吉林省舞蹈協會理事、舞蹈教授；1986 年 3 月至 1996 年 5 月任四平市朝鮮族藝術館館長 ；1990 年成為中國舞蹈協會會員。她先後編導了小舞劇《越南英雄五姐妹》獲吉林省文藝會演一等獎；全國中老年健身比賽，獲創編創作三等獎；創編的廣場舞《晨練》，獲吉林省廣場舞比賽一等獎；創編的三十多個少兒舞蹈，榮獲吉林省全國舞蹈家協會比賽的各種獎項，參加比賽和會演得到高度評價和認可。

　　在 1986 年至 1996 年任朝鮮族藝術館館長期間，注重發展全市少數民族的文化基礎教育建設，負責全市十三個少數民族文化活動的組織和輔導。她經常帶領群眾藝術工作者走鄉村下基層，直接深入到漢族和少數民族群眾之中，開展群眾文化藝術宣傳活動，把四平的群眾文化藝術推向一個新的高度。在工作中提倡少數民族的優秀文化、大力發揚了民間傳統藝術，充分發揮和展示了藝術才能，培育了大量的優秀人才，使城鄉群眾文化藝術不斷繁榮創新，為此榮獲吉林省舞蹈家協會終生榮譽獎。

獨闢蹊徑、自成一格的書法家——薛軍

▲ 薛軍

薛軍（1955年- ），北京市人，一九七五年七月參加工作。現任四平市鐵西區文化館館長，吉林省書法家協會副主席、四平市書法家協會主席。自幼愛好書法，在其父薛世傑指導下，臨習了顏真卿、米芾等諸家碑帖，為自己的書法創作奠定了良好基礎。書作多以行、草、隸為主，追求渾厚酣暢、自然古樸之風格。他的草書善以隸法入草，每一筆都筆到力到，中側鋒齊具，縱橫奇逸，雄姿蒼道。大開大合，跌宕起伏，虛實相生，意趣橫溢。薛軍的榜書大字則由顏體加肥加密，難得的是肥而有骨，密而能疏，以勢來帶動全局，與多見的肥痴呆板涇渭分明。薛軍先生的隸書一反慣常的「鼓努」與平勻「布草」，直追漢碑的雄奇古拙與天然之趣，在《金農隸書》《禮器》《張遷》中化度出來，大氣磅礴，樸厚稚拙、動、靜、奇、平、野、文、古、新，辯證地結合在一個整體的書法藝術風格中。薛軍對草書的創作要求是筆法、墨法、章法，精到、精當，諸如虛實濃淡、乾濕、輕重、大小等，在變化中求統一。薛軍的書法，渾厚酣暢，自然古樸，給人以悠遠的古韻、時代的精神。多年來，薛軍以極大的熱情投入到四平文化藝術事業上。在主持四平市書法家協會工作以來，帶領全

▲ 為紅十字會愛心集結號「溫暖今生」活動題字

市書法界同仁，盡職盡責，上下協調，潛心研究，勇於創新，認真堅持「二為」方向和「雙百」方針，圍繞中心，服務大局，弘揚主旋律，積極開展書法進社區、書法進企業、書法進軍營、書法進校園、賑災義賣等活動，每年堅持舉辦二至三次大型書法展覽，舉辦二次書法講座。

▲ 書法作品

四平市書法家協會榮獲二〇一〇年度「中國書法進萬家」先進基層集體稱號，薛軍被評為「中國書法進萬家」活動先進個人。

薛軍作品曾先後參加全國職工首屆美術書法攝影展覽，國際書法展覽，自貢國際恐龍燈會書法篆刻展覽，全國首屆電視書法大獎賽，紀念辛亥革命 80 週年台海兩岸書畫名家聯展，一九九四年國際書法大展，全國第六屆中青年書法家作品展覽，全國第七屆中青年書法家作品展覽，中華扇面藝術作品展等。作品收錄於《中國現代書法選》《中國當代書法集》《全國青年書法篆刻作品選》《中國日本當代書法作品選萃》，作品被毛主席紀念堂、中南海、王鐸紀念館收藏，刊石於黃河碑林、常德詩牆等處。

▲ 薛軍在「墨寶園」開工奠基儀式上

薛軍不僅自身砥礪書法功夫，而且致力於書法藝術在群眾中、特別在青少年中的普及推廣，以他的熱心和辛勤工作，推動書法進課堂、進社區、進機關、進企業，從而提高了市民書寫能力和欣賞水平。

匠心獨運、敦善篤行的書法家——張宇浚

▲ 張宇浚

張宇浚（1941 年-　），雙遼市人，一九五八年考入長春冶金建築專科學校，自二十世紀八〇年代初開始從事業餘書法教學活動，受聘於四平市老幹部大學、中國書畫函授大學四平分校，教授書法課。一九九〇年，由於教學成果顯著被中國書畫函授大學授予「優秀教師」稱號。在此期間，還曾在四平電大、市教育學院、市委機關講授書法課。二十多年的書法教學，培育了數以千計的書法愛好者，為繁榮和發揚祖國的傳統藝術，為建立和壯大四平市書法隊伍做出了積極的努力。一九八四年，四平市成立書法家協會，被推舉為市書協副主席，省書協理事。還被聘為四平書畫院副院長。

　　幾十年對書法藝術的追求和不懈的努力，成績斐然。七〇年代末，書法作品兩次在吉林省參展，一九八〇年書法作品《劉鶚詩一首》由中國工會代表團帶到日本，參加了在日本北海道舉辦的「中日民間藝術交流展覽」，同年，書寫的《描綠本》楷書字帖出版，作為全省小學三年級的書法教材。書法作品《諸葛亮誡子書》被收入二〇〇一年至二〇〇五年《中國

▲ 張宇浚的書法作品參加首屆全國老年書法作品展特邀參展證書

▲ 張宇浚先生的書法作品

書法選纂》，二○○四年，書法作品入選「第六屆亞州藝術節書法藝術精品展」，二○○五年，書法作品參加「中國電影百年書畫大展」獲佳作獎。本人傳略入編《中國文藝家專集》。現為中國書法家協會會員，四平市書畫院顧問、四平市書法家協會顧問。

▲ 張宇浚先生在現場創作中

全國知名的小說家──朱日亮

▲ 朱日亮（左）與中華文學選刊主編著名評論家王干（中）、作家景奉鳴合影

朱日亮（1955 年- ），吉林省四平市人。1978 年考入四平師範學院中文系讀書，1991 年開始小說創作，創作 20 多年，出版著作 10 餘種，《走夜的女人》《水撈面》《破壞》等小說被翻譯到國外。

在《人民文學》《當代》《收穫》《中國作家》《花城》《十月》等大型重點文學期刊發表長篇小說 4 部，中篇小說 50 餘部，短篇小說 50 餘篇，300 餘萬字，小說作品全部發表於省級以上重點文學期刊，是吉林省在全國核心期刊發表小說最多的作家之一。其小說作品多次被《小說選刊》《小說月報》《中華文學選刊》《中篇小說選刊》選載，2000 年以來，作品連續 10 年入選經典文學選本和中國當代小說排行榜，成為全國知名的重點作家和活躍作家，並進入中國重要作家方陣。

2000 年獲《羊城晚報》「五羊杯」散文一等獎，2001 年，電視劇本《蕭紅》獲東三省（包括河北和內蒙古）優秀劇本一等獎；2006 年，中篇小說《旗人》獲吉林省第八屆長白山文藝獎；2007 年，小說集《走夜的女人》獲第二屆吉林文學獎；2009 年小說《走夜的女人》獲《小說月報》提名獎，2011 年發表於《人民文學》的小說《暗賬》再獲第三屆吉林文學獎一等獎，長白山文藝獎提名獎。2012 年，朱日亮長篇小說《挖井記》，作為吉林省作協黨的十八大獻禮作品。

▲ 小説《挖井記》

▌從軍旅走入警營的詩人 —— 于國華

▲ 于國華

于國華（1955 年- ），吉林省四平市人。二十世紀七〇年代開始文學創作，在文本上逐漸形成自己的特色，既承襲傳統，又刻意求新，在詩意和現實場景的互動中保持了生活的原汁原味，繼而營造出一種鮮活的詩歌氛圍，呈現在文本上的是抒情和唯美構成的中心趣旨，而豐厚的人生背景則是其發軔成詩的不息源泉，是他完成詩歌精神向度的前提。他的詩源於生活，高於生活，是豐沛情感和愛的積蓄與噴發，而更深的層次則源自他的生命根系，他的記憶鄉土中昂然生長的一株株作物。所以很多讀者都能夠理解他把他的一部完成於二〇一二年的很重要的長詩取名為《微塵》的深意，作為個體的生命軌跡，放大了歷史的某個截面，細小或者便成為一粒會思想和飛翔的微塵。由此看來，詩人在寫作中是想通過這部帶有自傳性質的長詩，建構起屬於詩人自己的精神高地。在這裡，一段歷史微縮為獨特的人文景觀，而作為歷史中的事件和人物的起伏沉潛，始終充斥著一種奮進的姿態，是詩人本身對這個世界的有話可說，形成了文本上滿溢的人性關懷和對生活的敬意。其間關於某個特定歷史時段的書寫，如果不是出自對於人類集體無意識行為的反詰，那麼便可看作是詩人置身某種現實立場的警醒，至少是作為知識分子的一次經驗性總結。當然在長詩中這樣的表述是一種冒險，但好在詩人是淺嘗輒止的，這也使得整部作品和傳統意義上的長詩的敘事性有所不同。詩人寫作的初衷是基於生活和記憶的觸動與愉悅，是對生命的肯定而不是反對。更為重要的事實是：詩人引領我們觸摸到一個全新的語言打造的世界。

▲ 2009 年與省文聯張笑天主席（中）、趙春江副主席（右）在一起

三十多年的寫作經歷，詩人于國華相繼在國內報刊上發表詩歌、散文、小說一千餘篇（首），作品多次被收入各種選本，詩集《想念麥子》獲得第三屆吉林文學獎一等獎、詩集《西窗雪》獲得第十屆長白山文藝獎提名獎，長詩《微塵》獲第十一屆長白山文藝獎。出版詩集《于國華抒情詩選》《蘭馨集》《西窗雪》《想念麥子》《海岸》《微塵》等文學專著。二○○八年加入中國作家協會，係吉林省作協八屆全委會委員、全國公安詩詞學會副會長、吉林省文學院聘任製作家、四平市公安文聯主席、四平市作家協會副主席。

▲ 長詩集《微塵》

當代詩壇領軍人物──于耀江

▲ 于耀江

　　于耀江（1956 年-　　），吉林省梨樹縣人。吉林師範大學漢語言文學系畢業。一九七八年開始詩歌寫作，在《詩刊》《人民文學》《萌芽》《星星詩刊》《作家》《綠風》《青春》《海韻》《作品》《飛天》《山花》等幾十種報刊發表作品。

　　已出刊詩集《末之花》《于耀江抒情詩選》《個人風景》《危險的細節》《花間》，散文集《青春木柵欄》，隨筆集《詩人與情人》。入選《中國當代大學生詩選》《當代大學生抒情詩精選》《中國當代校園詩歌選萃》《校園沉思錄》《中國當代詩歌大觀》《1989-1990 青年詩選》《中國當代哲理詩選》《過目難忘》《再見・二十世紀》《一行詩人作品選》《新時期十年吉林作家代表作》《中國當代詩庫》《中國詩典》《東三省詩歌年鑑》《全國報刊集萃》等多種選本，並多次入選年度《中國詩歌精選》《中國最佳詩歌》。

　　詩人于耀江作為一個當代詩人，經得住口語的誘惑，在新詩的語境裡，語言的口語成為他詩歌的語言的一種特殊的效果。對有些詩來說，涉及公共意象的題材，其口語的方式讓詩歌獲得一種尖銳的直接性。再者，他的現代詩看重詩的戲劇性，也是口語的發揮。

▲ 世界華文詩歌授予「詩作優秀獎」光榮稱號　▲ 詩集《危險的細節》獲第三屆吉林文學獎一等獎

　　于耀江曾在他的《來自一個地域的詩歌報告》中，用寫意的筆觸、犀利的形容，描述了一群跟他一樣、在梨樹紮根成長的詩友們：「有一群人還在寫詩，還在把文字通過意向生長出來。他們在複雜裡活出自己的單純，單純得像一塊玻璃。只是心裡的種子過早地發出了芽，有別於別人面對泥土的沉默。堅持寫詩和在詩裡堅持自己。」

▲ 《于耀江抒情詩選》

四平地域文化的守望者 —— 王永興

▲ 王永興

　　王永興（1950 年- ），籍貫河北，高級編輯。畢業於四平教育學院中文系。知青時代就酷愛文學寫作，回城後在企業工作成為業餘文學創作積極分子。年輕氣盛的他，不僅在工作崗位表現出色，而且利用工餘時間配合形勢寫出大量詩歌和報告文學，在四平文學界小有名氣。後任廠報編輯。

　　一九八一年從四平聯化調入四平人民廣播電台任文藝編輯，一九八五年任四平電視台文藝部主任、總編辦主任，一九九七年任四平電視台創作室高級編輯，一九七七年至一九八七年從事音樂文學創作，有近百首歌曲在《人民音樂》《詞刊》《吉林歌曲》《大眾音樂》上發表。王永興自二十世紀八〇年代後期開始寫作紀實文學《長風繞戰旗》《進軍葛洲壩》等四十餘篇產生影響，一九八九年出版報告文學集《一代風流》。一九九五年開始長篇小說創作。《哥們兒姐們兒》《杖子柳》《冰火》出版後廣受關注好評。根據《冰火》改編的二十一集電視連續劇《烽火遼吉》正在籌備拍攝。他創作籌劃的歷史文獻片《百年滄桑話四平》《大遼河》（22 集）、《四戰四平》（15 集）、電視連續劇《喋血四平》均產生很大影響。王永興的作品視野開闊，有豐厚的歷史積澱，敏

▲ 在歷史文獻片《大遼河》首映式上做編導闡述發言

銳的人文視角。《喋血四平》在央視一套播出，獲「五個一工程」提名獎，重大革命歷史題材表彰獎，東北三省電視劇「金虎獎」二等獎。歌詞《歷史人物》《唱響大遼河》分獲二〇一〇年、二〇一二年中國大眾音樂評選一等獎、金獎。

▲ 與林彪女兒林曉霖（前左）參觀四平戰役紀念館

▲ 歌曲《唱響大遼河》獲獎證書

▲ 電視片《四戰四平》獲獎證書

善於表現重大題材的畫家──李鳳君

▲ 李鳳君

李鳳君（1952 年-　），吉林鎮賚人，民盟會員，政協委員，研究館員。

一九七〇至一九八八年在鎮賚縣文化館作群眾美術輔導工作；一九八九至二〇〇五年在四平市博物館作繪畫與陳列設計工作；二〇〇五年起在四平市戰役紀念館從事繪畫與陳列設計工作。任中國美術家協會會員、中國博物館學會會員、吉林省美術家協會理事、四平市專家協會會員、四平市美術家協會副主席；一九九〇年獲吉林省自學成才獎；一九九二年被四平市委、市政府授予有突出貢獻的專業技術拔尖人才稱號；一九九四年獲得中國出版工作者協會的特殊貢獻獎。多年來為四平戰役紀念館創作多幅場景宏大、人物眾多的大型戰爭主體畫及有關烈士殺敵留紅的悲壯形象，陳列於四平戰役紀念館；受市委宣傳部委託設計創作了有歷史價值的「勿忘國恥」的「恥鐘」，得到上級和有關部門的好評；完成《今日四平》《歷史的豐碑》《招商引資》等幾十個大、中型展廳、展覽的設計與製作；培養的大批專業技術人才，考取了中央美院、中國美院、清華美院、中國人民大學、魯迅美院學府；創作的美術作品二百餘件在國內出版，在多種報刊、書冊發表和參加省、全國及國際性展出並被收藏。有十四件美術作品參加全國多屆美展，其中《大地回春》，於一九八八年參加全國第四屆美展獲二等獎和「出版物銅牌獎」；《中華之光》參加全國第四屆美展獲三等獎，並作為國際藝術交流品在菲律賓、新加坡、美國等國展出；一九九七年《偉大決策》獲全國、全軍建

▲ 《中華之光》

軍七〇週年美展銀牌獎；二〇〇〇年《偉大決策》獲全國第八屆「群星獎」美術大展金獎，並被中國美術館作為有歷史價值和現代藝術價值的藝術品永久收藏；《相姑爺》《春》《泉》《海花》《冰凌花》《我們登上天安門》等三十餘件作品，分別獲省級一、二、三等獎與佳作獎；《東方紅》《軍威》《人間正道》《馬上舞蹈》《千秋偉業》《邊疆戰歌》等六十餘件作品在全國出版發行；《青春美》《滿目青山夕照明》《風華正茂》《毛主席和三軍將士》《重來又逢櫻花時》《人參的故事》等七十件作品由《人民日報》《美術》《吉林日報》《畫報》《人才》雜誌等二十餘種報刊刊載和撰文評價；二〇〇四年創作的大型主題畫《血戰四平》素描和二〇〇六年創作的《塔山阻擊戰》油畫在四平紀念館中陳列；有十餘件作品被國內外收藏。其業績被載入《中國現代美術家大辭典》《世界優秀專家人才名典》《世界華人藝術家大辭典》《政協委員風采錄》等十餘部典籍中。

▲ 《冬季捕魚》

在繼承中創新的畫院院長——王偉

　　王偉（1957 年- ），四平市人，籍貫遼寧省昌圖縣，齋號芳鳴閣，高級美術師，現任四平市書畫院院長、吉林省美術家協會理事、四平市美協副主席兼四平市政協書畫院副院長、四平市政協常委，四平民進會員，四平書畫院工筆畫學會會長。一九七九年六月參加工作，從事工藝美術設計，研究創作的夜明畫屬全國首創，並獲得全省旅遊紀念品優秀獎。一九八〇年跟隨四平市著名畫家鄧文欣學習花鳥畫。一九八七年進入四平書畫院，先後任創作員、國畫部

▲ 王偉

主任。一九九七年在中央美術學院國畫系進修。二〇一一年結業於中國美術家協會首屆花鳥畫高研班，得到著名畫家張立辰、郭怡綜、李魁正等的指導，系統臨摹了大量宋元時期的經典作品，為以後的創作打下了堅實的基礎。

　　王偉的花鳥畫繼承傳統，推陳出新，以工筆為主，兼擅寫意，作品筆法細膩，設色明快，構思新巧，別具一格，富寓北方獨特的地域風貌，又具有濃厚的時代氣息和鮮明的個人風格，深受專業和業餘作者的推崇，也有許多市民慕名求畫。他的作品多次參加國家、省級、市級大型展覽，並獲各種獎項。

　　除書畫的日常工作外，還長期擔任四平老年大學、四平老幹部書畫研究會的書畫課程，並熱心培養了書畫人才，推動了四平書畫活動的普及。組織書畫院的畫家採風、臨摹、寫生，創作出大批的優秀作品，多次獲得國家、省級、市級大獎，並在《美術》《美術大觀》《美良》《藝術與繁榮》《美術界》刊物

上發表。作品先後參加了國家、省級展覽並獲獎。《秋趣》獲中國美術家協會主辦的中華扇面藝術展金獎。《秋韻》入選中國美術家協會主辦的全國第二屆花鳥畫展。《晴雪》入選由文化部主辦的第三屆全國畫院優秀作品展，並發表於《美術》雜誌。《甦醒》入選全國第六屆工筆畫大展，並發表於《美術大觀》。《鳴雪》入選第二屆關東畫展。《浴雪》入選第十一屆當代中國花鳥畫邀請展。《萬玉春暉》入選第十三屆當代中國花鳥畫邀請展。二〇〇五年在日本長野舉辦畫展。《鳴雪》獲吉林省美展一等獎。《塞外雪》獲吉林省建國六十週年畫展優秀獎。《浴雪》獲紀念中國共產黨建黨九十週年美展優秀獎。《早春》獲吉林省群星美術書法作品榮譽獎。

▲ 《鳴雪》

▲ 《瑞雪圖》

▌一枝獨秀的牡丹畫家 ── 孟憲寶

▲ 孟憲寶

孟憲寶（1947 年- ），遼寧省台安縣人，畢業於東北師大美術系，現為中國書畫研究院理事，吉林省美術家協會理事，四平市美術家協會副主席，吉林師範大學美術學院客座教授，四平市首屆市管優秀專家。

孟憲寶從一九七二年開始在四平市展覽館從事美術工作，有深厚的素描基礎和造型能力，二十世紀七〇年代他的作品就多次參加省、市美展，八〇年代初他創作的五幅年畫由吉林美術出版社發行，總印數一八〇萬張，被譽為四平的「高產畫家」。

從一九九六年起，專攻國畫牡丹，漸入佳境。作品多次在國家和省級大展中獲獎。並由多家美術出版社出版發行，個人傳略及代表作品被載入多部大型典籍。他有堅實的西畫基礎，故作品能融匯中西，超越傳統筆法，別開生面。由國際文化出版公司出版《中國實力派美術家──孟憲寶》專集；由中國科學文化出版社出版《中華傳世名家系列專集·孟憲寶作品選》。

他的牡丹畫作品多次被出訪攜帶，贈予國際友人。電視報紙等多種媒體予以採訪報導。曾在中國內地及香港舉辦過個人畫展，在日本、新加坡舉辦過聯展，其中多幅作品由有關機構收藏。

▲ 《花團錦簇滿庭芳》

▲ 《山河壯麗，長城永恆》

▲ 《楓染山河萬里紅》

探尋東遼河神韻的作家——張偉

張偉（1964年- ），梨樹縣人。一九八四年畢業於白城師院中文系，係第七屆、第八屆吉林省作家協會理事，吉林文學院首批簽約作家，中國作家協會會員。至今已經公開出版、發表了小說、散文、報告文學等文學作品三百餘萬字。張偉的作品

▲ 張偉

以關東風土人情為對象，深入挖掘地域文化，視角獨特，人物形象鮮明，被譽為東遼河絕版風情畫卷。

張偉有獨特的生活體驗和藝術視角。他長期深入基層，掛職擔任農村鄉鎮幹部，吃百家飯，行千里路，在勞動中和農民打成一片。在油燈下聽鄉親講述陳年故事和現實生活的花絮。所以他的筆下湧動著東遼河原野上生生不息、代代繁衍的父老鄉親歷盡磨難而奮力前行的精神力量。他又是十分勤奮和多產的作家，視文字如生命，以表現東遼河為光榮的責任。

1992年出版報告文學集《飛花季節》，1994年出版小說集《鄉間百事》，1995年出版散文集《北望家園》，1996年出版小說集《玉米時代》，1999年出版長篇散文《沿東遼河前行》，2001年出版長篇隨筆《頭磕門框呼四平》，2002年電影《阿歐桑》播出，2005年電視劇《關東魚王》製作完畢，2011年出版電視解說詞《北緯43°——中國黃金玉米帶》，2011年出版電視劇本《老渡口》《老河套》《老船歌》，2012年《紅岩》雜誌發表長篇小說《採石記》，

2013 年「作家」雜誌發表長篇小說《碎石記》。小說《坑》獲 1990 年小小說選刊年度獎，小說《胖嫂》獲 1991 年吉林人民出版社佳作獎。散文集《北望家園》獲 1995 年吉林人民出版社優秀作品獎。長篇隨筆《沿東遼河前行》獲 1999 年吉林省優秀報告文學獎。長篇小說《碎石記》獲第十一屆長白山文藝獎。

▲ 長篇小說《碎石記》獲第十一屆長白山文藝獎作品獎

四平舞台的金嗓子 —— 劉乃玲

▲ 劉乃玲

劉乃玲（1941 年-　），女，四平市人。1955 年 2 月考入四平市評劇團。現為中國戲劇家協會吉林分會會員，一級演員。2011 年 8 月 15 日被省文聯、省文化廳、省劇協授予「最具影響力戲劇藝術家」稱號。

師承評劇演員張春豔，演出了評劇《回杯記》等。1957 年起，在《向秀麗》《楊八姐游春》《風箏誤》《紅松林》《台灣來的女客》《百歲掛帥》《半把剪刀》等大型評劇中擔任主演。

1960 年調至四平專區藝校，到安徽省黃梅戲劇團參加「南花北移」黃梅戲學習隊，拜黃梅戲表演藝術家嚴鳳英為師，學習黃梅戲「嚴派」表演藝術。1962 年四平專區黃梅戲劇團成立後，她即為該團主要演員。曾在黃梅戲《天仙配》《女駙馬》《碧玉簪》《奪印》《江姐》等十幾部大戲中擔任主要角色。1970 年至 1973 年，在四平地區文工團期間，曾在京劇《海港》《沙家濱》等劇中出任主演。1974 年四平市評劇團恢復建制，她調回四平評劇團。曾在評劇《祥林嫂》等劇中擔任主要角色，並曾受到評劇表演藝術家花淑蘭的親自指點。1985 年四平市評劇團與四平市吉劇團合併為四平市戲曲劇團後，她曾主演了評劇《古剎魅影》《花打朝》《三夫人》與吉劇《程七奶奶赴宴》《罵鴨》《江姐》等劇目。1984 年曾代表吉林省評劇界去河北省唐山市，參加了由文化部和河北省委舉辦的評劇創始人成兆才誕辰一一〇週年紀念會。

她從藝三十三年，曾在評劇、京劇、黃梅戲、吉劇四個劇種七十餘個劇目

中扮演主要角色。她戲路比較寬,能演青衣、閨門旦、刀馬旦、彩旦、老旦等多種旦行。尤其是青衣行當的表演曾多次得到專家的讚譽和觀眾的好評,是吉林省評劇界頗有影響的一位中青年演員。

▲ 革命現代京劇《杜鵑山》飾演柯湘　　▲ 黃梅戲《女駙馬》飾演馮淑珍

▲ 在話劇《孔繁森》中飾演孔母

吉林省「四大名丑」之一——桑青林

▲ 桑青林

桑青林（1954年-　），四平市人。一級演員，工文丑。一九七一年加入四平地區文工團，演出樣板戲。

一九七五年赴天津曲藝團學習曲藝（相聲、快板、大鼓），受常寶庭、李潤傑等名師指導。八〇年代加入地區吉劇團地方戲隊。演出的拉場戲有《主任家事》《雙下山》《新考官上任》《罵鴨》《俏縣官求子》《白銀案》等，戲劇小品有《偷禍》《見怪不怪》《目擊者》等，均在東北三省、吉林省獲明星獎和一等獎。二〇〇二年五月在吉林省第一屆「二人轉·戲劇小品藝術節」上被評為「四大名丑」之首。同年在第五屆東北三省戲劇小品大賽上，小品《目擊者》獲得金獎。二〇〇八年七月被省文聯、省文化廳、省人事廳、吉視鄉村頻道、省二人轉藝術家協會五部門授予「吉林省優秀二人轉表演藝術家」稱號。還曾主演大戲《桃李梅》《俏縣官》《江姐》等。

桑青林從藝近四十年，從默默無聞的小角色到著名演員，得益於他刻苦練

▲ 獲吉林省優秀二人轉表演藝術家稱

▲ 拉場戲《偷禍》獲吉林省第十二屆二人轉新劇目評獎推廣會一等獎

功，虛心學習。從擔任學員時起，他就堅持早起晚睡，苦練身段和唱腔，並時常向老一代藝術家請教。長期的磨礪使他的表演功底紮實，唱念俱佳，詼諧幽默，餘音繞梁，深受觀眾喜愛。

▲ 兒童劇《鐘魂》演出劇照　桑青林（右）

▲ 赴日本別府市演出《鍾馗嫁妹》

從《小護青員》走向成功的著名編劇──欒淑芳

▲ 欒淑芳

　　欒淑芳（1952 年- ），女，吉林省懷德縣人。一九七三年作為工農兵學員，被推薦到四平師範學院中文系學習。在農村期間，曾創作小說多篇。一九七二年創作快板劇《小護青員》，發表於同年《吉林文藝》上，後來該劇被吉林省吉劇團改編並演出，中央人民廣播電台、吉林人民廣播電台多次播放。一九八〇年獲省建國三十週年兒童作品佳作獎。

　　《小護青員》以農村生產生活中發生的人和事為原型，以公和私的思想糾葛為線索，表現了農村青年的精神風貌，充滿了生活情趣，並給人以積極向上的教益。作品一問世，立即引起社會各界的關注和廣泛的好評。欒淑芳的名字從此為人所知，她被吸收為地區創作室最年輕的成員，並被推薦到大學深造。

　　大學期間創作獨幕話劇《入黨之前》，被吉林省選為三個重點小戲的其中一個，省組織創作班子進行重點加工、修改。大學畢業後，進入四平市（原地區）戲劇創作室任編劇，直至退休。

　　現為國家一級編劇，中國戲劇家協會會員，中國戲劇文學學會會員。進入

获 奖 证 书

栾淑芳 周忠创作的小品《 朋 友 》

在"中国剧协'96青岛经协联谊杯百优小品大赛"中

获 一 等 奖，特颁此证，以资鼓励。

中国戏剧家协会

一九九六年七月十五日

▲ 小品《朋友》獲「中國劇協 96 青島經協聯誼杯百
優小品大賽」一等獎

证 书

栾淑芳同志的作品《奶奶的幸福》在"'98
中国曹禺戏剧文学奖·小品小戏奖"的评选中获
二等奖。特颁此证。

中国文学艺术界联合会
中国戏剧家协会

▲ 小品《奶奶的幸福》獲「98 中國曹禺戲劇文學
獎·小品小戲獎」二等獎

專業創作隊伍，先後創作出大小戲四十餘部。其中小品《朋友》獲中國劇協小品大賽劇本一等獎，參加中央電視台小品大賽，獲銅獎。參加吉林省二人轉，小品大賽獲劇目一等獎，編劇一等獎。小品《買瀟灑》獲中國劇協小品大賽劇本二等獎。小品《山路幽幽》《目擊者》《王二醉酒》《村妞的志向》等參加東三省小品大賽，皆獲獎。除劇本創作，先後在省、地刊物發表小說、故事二十餘篇，參與大型電視劇《農家十二月》創作（其中 7 集屬本人創作），與人合作創作電影劇本等。曾多次被單位及文化局評為優秀共產黨員、先進工作者，並多次獲四平市文化系統獎勵。一九八五年被四平市總工會評為「四平市優秀女能人」。

筆健情真、謙誠質樸的劇作家——李桂仲

▲ 李桂仲

李桂仲（1941 年至 2013 年），吉林省長春市人。四平市戲劇創作室創作員，一級編劇。

一九七一年從事專業戲劇曲藝創作工作。共創作（發表、演出）話劇、戲曲、二人轉、小品等作品七十餘部（件）。

李桂仲四十二年的創作經歷和成果，為戲劇文學創作樹立了一個典範，他博學深思、不計名利、刻苦耕耘的品質和精神，為省內外戲劇工作者所稱道。他的作品構思巧妙，情節跌宕，富於生活情趣。代表作品有大型話劇《東方馬德里》《九龍吟》，二人轉《兩朵小紅花》《雙趕集》，小品《柳暗花明》等。曾獲多個省級一、二、三等獎。並獲吉林省政府獎——長白山文藝獎。二人轉《雙趕集》獲全國曲藝會演二等獎；以此二人轉改編的同名拉場戲獲揚州現代戲調演之「新劇目獎」；小品《柳暗花明》（與人合作）在中央電視台春節聯歡晚會上演出，獲「春蘭杯」綜合二等獎。鑒於他對話劇創作的成就和影響，還獲得中國話劇百年「突出貢獻獎」。

他長期與四平話劇團合作，為話劇團創作的大型話劇《九龍吟》《啊！豐碑》《東方馬德里》等劇目，得到廣大觀眾和業內人士的一致好評。

李桂仲 同志：

尊 作《 双趕集 》榮獲

第二屆 長白山文藝獎 佳作 獎

特 發 此 證

長白山文藝獎評獎委員會
一 九 九 ○ 年 五 月 十二 日

▲ 二人轉《雙趕集》獲「第二屆長白山文藝獎」佳作獎

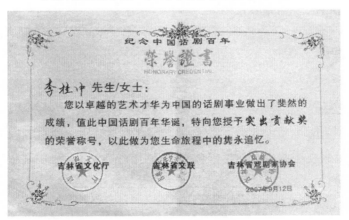

▲ 中國話劇百年華誕授予李桂仲「突出貢獻獎」

從當年「少帥」到劇團掌門——趙志勇

　　趙志勇（1948 年- ），四平市人，自一九七〇年起，加入四平市文工團（原評劇團），從事戲劇表演、導演、劇本創作三十餘年。

　　一九七一年，在現代京劇《紅燈記》中飾演李玉和開始嶄露頭角並展示表演天賦，深受觀眾喜愛和好評。之後又在現代京劇《智取威虎山》《杜鵑山》等劇中飾演主要角色。一九七六年調入四平地區文工團（原四平地區話劇團），開始從事話劇表演。先後主演二十餘部話劇。特別是主演的《少帥張學良》《孔繁

▲ 趙志勇

森》《九龍吟》，先後應全國政協，文化部邀請，晉京演出。一九八二年，中央電視台將話劇《少帥張學良》錄製，在一頻道播放。中國戲劇出版社將話劇《少帥張學良》排成小人書在全國出版發行。一九九五年，話劇《孔繁森》不僅在中央電視台晚間新聞播出，還接受《焦點訪談》欄目跟蹤採訪，之後在北京、河北、河南、廣東、深圳、廣西、吉林等省巡演三百餘場。一九九八年，

▲ 時任文化部常務副部長、中國文聯黨組書記高占祥（右五）會見趙志勇（右四）等劇組人員

為紀念香港回歸一週年，話劇《九龍吟》晉京公演。三次晉京演出，都受到國家領導人的接見和稱讚，中宣部、中組部、文化部、中國文聯、中國劇協的領導和專家，評價四平話劇團至少是省級話劇團，人才濟濟，藏龍臥虎，能三次晉京演出，唯有四平話劇團。中央電視台、人民日

▲ 王光美（右）觀看《少帥傳奇》並與趙志勇親切
交談

▲ 中組部部長張全景（中）觀看《孔繁森》

▲ 與原中央戲劇學院院長徐曉鐘（左二）合影

報、光明日報等主要新聞媒體和報刊紛紛報導和評論。一九九一年底，趙志勇在職期間適應市場需求，轉變辦團理念，實施精品工程，打造四平話劇品牌。

趙志勇還擔任編劇和導演，主要作品有話劇《孔繁森》《紅岩魂》。同時他還涉足電視劇排演，在吉林電視台拍攝的電視連續劇《軍火 1946》、電視劇《綠蔭深處》中擔當主演。一九九二年，趙志勇又兼任四平市藝術團團長，以創作演出二人轉、小品為主，每年下鄉演出均超百場。實施精品工程，創作首演《新考官上任》《偷禍》《佛主封官》《包公鍘侄》等享譽東北的精品二人轉。

▌博學多才的詩人、編輯──賈世韜

▲ 賈世韜

賈世韜（1957 年- ），吉林省伊通縣人。群眾文化高級館員。2013 年 2 月被中共四平市委、四平市人民政府授予 2012 年首屆「四平文化名人」榮譽稱號。

1993 年加入中國楹聯學會和中華詩詞學會，1996 年加入吉林省作家協會；2013 年 5 月加入中國作家協會詩刊社子曰詩社。1993 年任《東西南北》雜誌編輯；1998 至 1999 年任《中國人》雜誌記者；2009 年籌劃編著《唐風》叢書，任主編、主筆。1991 年 1 月，散文《三十年的緣分》榮獲《中國廣播報》《吉林廣播電視報》、吉林廣播電台等舉辦的「廣播之家」徵文一等獎；1993 年 8 月，報告文學《公主嶺第一村──泡子沿》榮獲吉林日報社《新聞學苑》佳作一等獎；2000 年 11 月，散文《廣播，我生命的陽光》榮獲吉林人民廣播電台建台 55 週年「廣播情」徵文一等獎；2008 年 9 月，以韻文、詩詞曲賦類和文史隨筆類及報告文學類作品被中央文史研究館、中華辭賦學會、《祖國》雜誌等評為中國改革開放 30 年文藝終身成就獎。2011 年 8 月，散文《大河萬古流》榮獲第四屆「黃河杯」國際華夏文化大賽特等獎，作者被授予「文學狀元」稱號。2011 年 9 月，駢體賦《長城賦》榮獲首

▲ 出版的《綠色屏障》等書著

屆「長城杯」國際華夏文化大賽一等獎，並作為序言載入首屆「長城杯」國際華夏文化大賽《優秀作品大典》。1996 至 2010 年任公主嶺市作家協會主席、《松遼作家》主編；2010 年調任四平市文聯編輯、副編審。已在《吉林日報》（原長白山副刊）、《詩刊》《中華詩詞》《長白山詩詞》《長春日報》（君子蘭副刊）、《城市晚報》（天池副刊）、《吉林農民報》《四平日報》《四平詩詞》《關東作家》《大平原》等報刊上和各種書籍中發表隨筆、散文、詩歌、詩詞、辭賦、韻文、楹聯、文言小說、傳記和報告文學以及文史論文等計 6700 餘篇。長篇韻文代表作有《中國畫史三字經》《中華百工百藝聖祖宗師歌》。

2013 年 6 月出版《唐風作品集》，包括《雪廬筆談》《雪廬散文》《雪廬詩詞》《雪廬聯話》《雪廬博韻》《雪廬詩歌》。還出版了《大寫春秋》《嶺城英才錄》等 5 部報告文學、傳記等作品集；此外，還策劃、主筆、主題攝影、主編《畫說公主嶺》和《畫說四平》等三十餘部地方人文圖書。賈世韜學識淵博，精於古典詩詞、擅長編輯出版業務。

▲ 出版的《畫說四平》畫冊

提升鄉土藝術檔次的劇作家——解濱生

　　解濱生（1946 年-　），四平市人。曾就讀於安徽省安慶黃梅戲學校，中央戲劇學院戲劇文學專業，中國文化書院比較文學研究班。中國戲劇家協會會員，吉林省戲劇家協會理事，吉林省藝術研究所特約研究員，四平市曲藝家協會名譽主席，供職於吉林

▲ 解濱生

省四平市戲劇創作室，國家一級編劇。現為吉林省東北風藝術團，北京愛麗都演藝公司特約編劇。

　　從事藝術專業四十餘年，曾自編自導了《美女蛇》《炭火情》《心願》等大型戲曲、話劇、拉場戲、小品、二人轉及各類電視節（欄）目一百多件。還參加了《關東女人》《戲說關東農家事》《梨花飄香》《春到農家》《凡人小事》

▲ 慶祝建黨 90 週年全國企業文藝會演獲最高榮譽獎

▲ 全國第八屆「孔雀杯」劇本創作獎

《咱老百姓》《城裡城外東北人》等長篇電視劇和系列劇的策劃與寫作等。還與吉林省吉劇團、江西省贛劇院、長春話劇院、吉林省民間藝術團、東北風藝術團、黑龍江齊齊哈爾龍江戲劇、南京雨花藝術團、四平話劇團、藝術團，以及東三省等多家劇院，合作演出了一百多個作品。其中《八月中秋》《范仲華別母》《青苗茁壯》《吉林好地方》

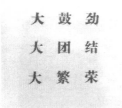

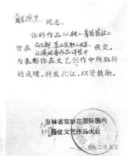

▲ 二人轉《青苗茁壯》獲省創作獎

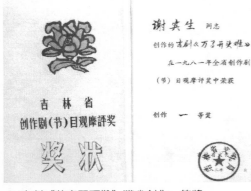

▲ 吉劇《萬事開頭難》獲省創作一等獎

等劇目，五次獲得文化部「孔雀劇本獎」「文化部編劇獎」「綜合一等獎」「優秀作品獎」等。其中《范仲華別母》《青苗茁壯》獲吉林省「長白山文藝獎」，另有《青苗茁壯》《稅苑紅花》《小鎮新曲》等三個劇目三次獲得中華全國總工會和國家稅務總局的「優秀作品獎」。還有《穆桂英賠情》《萬事開頭難》等五十餘個劇目分別獲得山西省委宣傳部，吉林、黑龍江和遼寧三省文化廳，三省戲劇家協會的創作特別獎、一等獎。曾參加中央、遼寧、吉林、黑龍江、安徽、瀋陽、南京等十幾家電視台近五十餘台各類晚會的策劃及節（欄）目的寫作。二〇〇九年參加由中央宣傳部、中央文明辦、國家廣電總局、中央電視台聯合舉辦的「中國好人‧長春篇」的創作，編導《代理媽媽》《兄妹情深》《撿來的老娘誇孝子》均由中央電視台國際頻道、戲曲頻道和其他電視台等多次播出。

二〇一〇年七月擔任吉林省東北風藝術團晉京演出的《盛世歡歌東北風》全台二人轉綜藝晚會的編劇，參加了由文化部在北京舉辦的全國民營藝術院團會演，並獲得了「優秀劇目獎」。此外，還創作了長篇電視評書《關東胡匪傳》，由全國二百餘家電視台播出。參與了《二人轉辭典》《東北民歌彙集》的編寫。還與潘長江、韓子平、閆淑平等著名演員有過良好的合作。

薩滿文化領地不倦的耕耘者 ——張振海

張振海（1954-　），吉林省梨樹縣人，一級編劇，著名文藝理論家。現為四平市藝術研究室副主任、《大東北文化報》主編。自幼熱愛文藝，鍾情舞台藝術。

在從事戲劇文學創作之前，張振海做過工

▲ 張振海

人，當過業餘演員，顛簸不定的生活使他較早地認識了人生和社會，知道了沒有拚搏就不會有成功的道理。他熱愛民間藝術，總想在這個領域有所創建，把家鄉的原生態藝術培植起來，發出不一樣的光彩。他的理想終於得以實現。

一九七九年他調入梨樹縣創作組，一九八四年至一九八六年在中央戲劇學院戲文系學習。他有多部二人轉、小戲、大戲問世。大型話劇《神族》獲中國戲劇文學學會二〇〇三年銅獎，將英·莎士比亞戲劇《溫莎的風流娘兒們》改編為吉劇，二〇一五年獲得吉林省文藝會演一等獎。

▲ 書著《新新人類》

多年來，張振海曾主編《中國詩歌鑑賞》，著作有《新新人類》《網蟲》《神族》《挺經》《大商鞅》《曾門五兄弟》《薩滿靈課》等十餘部著作。在文藝理論、東北文化和滿族文化研究方面頗多建樹。現為中國戲劇家協會會員，中國戲劇文學學會會員，四平戲劇家協會副主席，四平市互聯網文化工作者協會主席。二〇〇八年獲「四平市十佳社會科學工作者」稱號。

張振海從二〇〇五年創辦並主編《大東北文化報》。該報為週刊，每期八版，至今已有十年。同時成立「大東北文化研究學會」，他為法人代表，任秘書長。研究學會的研究成果，發表在各種報刊上，共撰寫地方文化文章四百餘篇，近一百萬字，為四平文化的發展做出貢獻。

▲ 薩滿藝術工作室照

「接地氣」的一級編劇──那效平

▲ 那效平

那效平（1954 年-　），滿族，一級編劇。係中國戲劇家協會會員，中國曲藝家協會會員，吉林省作家協會會員、吉林省戲劇家協會會員，吉林省二人轉藝術家協會會員。曾用筆名苦瓜、苦旅、苦旅蹣跚、橡子、肖平等發表作品，現工作於吉林省四平市藝術團。先後有作品發表在中國《曲藝》雜誌及省、地（市）期刊、報紙上；本人創作的二人轉《石橋驚駕》，由吉林省著名二人轉藝術家高茹、秦志平搬上舞台演出，並灌製成盒式錄音帶在全國發行。

一九九一年從雙遼縣文化局創作室調入四平市藝術團任編劇至今。一九九七年曾隨友在北京編輯過香港《中國人》雜誌，任採編部主任。曾隨友編輯過文學系列叢書。一九八七年在編撰中國戲曲志吉林卷中榮獲吉林省文化廳表彰。一九八八年榮獲國家藝術學科類重點科研項目中國戲曲志二等獎。二〇〇七年七月，論文《二人轉的喜與憂》發表在《今日財富報》。二〇〇八年二月，論文《我對二人轉的理解與思考》發表在《今日財富報》上，獲省級論文評比一等獎。二〇〇五年創作二人轉專集《追求》出版，二〇〇五年主編二人轉專集《常下單傳統二人

▲ 與央視主持人汪文華（右）在一起

▲ 與二人轉專家那炳晨（右）合影

▲ 與李玉剛（右）在一起

▲ 與姜昆（左三）在一起

轉精品劇目彙編》出版。二〇〇八年十月，編著的二人轉專集《二人轉小帽小數》出版。同時，編著的二人轉專集《神調、說唱、說口》出版。二〇〇九年十月創作文集《炫彩激情》出版。二〇一〇年一月主編的《二人轉傳統劇目彙編》（上、下）出版。

二〇一〇年在《劇作家》雜誌上發表《發展才是硬道理》《小記二人轉的發展與形成》等論文，被中國知網、龍源網收集典藏。二〇一〇年十二月走上大學講台，為藝術學院的大學生研究生講授《二人轉的形成與發展》《二人轉的今世前生》。已自著、編著、主編出書七部，論文多篇，先後有近三百多萬字作品見諸於書刊，但最摯愛的還是二人轉創作、研究及整理。

唱響時代旋律的男高音 —— 董春明

▲ 董春明

董春明（1961 年-　），四平市人。1979 年參加工作，曾在四平市曲藝團任演奏員，1987 年調入四平市話劇團至今。國家一級演員。

初入劇團，他的潛能並沒有得到充分的發揮，雖然在幾齣戲中擔任演奏員，也做過演員，但他的聲樂長項並未引起團領導的重視。他決心用自己的實力完成一個不一樣的自我。1990 年他去中國音樂學院聲樂系進修學習，師從聲樂系副主任馬秀雲和聲樂系教授張籌。結業後他擔任四平市話劇團、藝術團專業歌手，唱功越來越精湛，演出效果獲得了廣大觀眾的認同。他音色高亢明亮，有豪壯奔放的關東風格。

2001 年他被任命為市話劇藝術團（吉煙藝術團）副團長。

2002 年他在中央電視台錄製的 MTV《啊，父親》，在央視一套和三套播放。為五十集電視專題片《不辱使命》錄製的主題歌《警察與老百姓》，為 100 集電視專題片《新華記者目擊錄》錄製的主題歌《記者之歌》均在中央電視台播放。2010 年在中央電視台激情廣場工商篇首唱《工商之歌》，榮獲金獎，並在中央電視台三套播出。2004 年首唱《警察與老百姓》在公安部聲樂大賽中榮獲銀獎。2005 年首唱《啊，父親》榮獲吉林省電視台第十七屆丹頂鶴杯金獎，2006 年《最後一個軍禮》《平安是福》在吉林省獲金獎。他還多次在吉林省舉辦的各種聲樂大賽中獲得民族唱法一等獎，連續五屆「英雄城音樂會」獲民族唱法一等獎。

▲ 與著名歌唱家蔣大為（右）在一起

盡展關東風采的作曲家──陳殿華

▲ 陳殿華

陳殿華（1954 年-　），出身於平民之家，以一隻舊豎笛起家，步入音樂的殿堂。從笛子到小號、薩克斯、木琴，這些樂器陪伴他走過青春年華，伴隨他步入雙遼縣文工團、四平地區群眾藝術館。現任四平市藝術研究室主任、市音樂家協會主席。這些頭銜和職務，標誌著他的業務建樹：省級有突出貢獻的中青年專家，文化部全國先進工作者，省文化廳高評委員，四平有突出貢獻的拔尖人才，市管優秀專家，四平文化名人。各級政府的褒獎和獎掖，使他的藝術人生更加豐滿、厚重。一九八八年以全省群文系統音樂幹部年齡最小者破格評為副研究館員，一九八九年以全省群文系統唯一的音樂幹部參加吉林省建國四十週年首屆藝術成果展覽。

成功離不開奮鬥，成就源自於鑽研。陳殿華的藝術之旅，從一點一滴做起，從默默無聞起步，以鍥而不捨、終日辛勞為代價，以發展藝術、繁榮文化為目標。

那是在二十世紀八〇年代初，作為地區群眾藝術館館員的他，篤信「真美在人間，大美在民間。民間藝術是人類心靈的家園，民間藝術是藝術生命的源泉」，投身於四平地區民族、民間藝術遺產的蒐集、整理、搶救和出版立卷工作。

一九八一年春天，陳殿華頂著乾旱的季風走在鄉路上，趑趄前行，走村屯、串農戶去拜訪民間藝人。他一走就是半月、一月、三五十天。儘管風沙、勞頓使他形容枯槁，顏面蒼老，被村姑尊稱為「老大爺」；儘管忍受「有上頓、

沒下頓」的飢寒，有時偷拔農家的蘿蔔充飢，可他，卻在飽飲著東遼河兩岸歷史文化和民族風情的營養甘露。他和幾十位單鼓藝人、民間鼓吹樂藝人、皮影藝人建立了親如手足的關係，通過啟發誘導，由他手抄筆錄，形成豐富翔實的資料寶庫。入夏，風雨泥濘之中他仍在艱辛的跋涉，他走了十多個鄉，幾十個村屯。他透支了精力，收穫了果實。幾十年的辛勤工作，他整理出民間音樂五六〇〇首（套），整理單鼓、皮影等民間音樂藝術二百餘萬字，分別編輯出版了《吉林鼓吹樂選編》《吉林單鼓》《四平民

▲ 整理研究民間藝術

▲ 整理研究民間藝術

歌選集》，很多內容被收入「中國十大文藝志書」集成的長卷。先後組織四平地區近百名年過六旬的民間鼓吹樂藝人獻藝會四次。收集民間古老「工尺譜」二十餘部。協調文化部、省文化廳等單位組織搶救工作。由於工作出色，他的事蹟在中央電視台及省市電視台作了專題報導，曾連續七年被省文化廳、省藝術集成辦公室表彰，並多次被評為「省優秀輔導幹部」。

▲ 舞蹈《東北花鼓》全體合影

荣誉证书

证书编号：92200027

陈殿华同志被批准为吉林省第六批

有突出贡献的中青年专业技术人才，特发

此证，以资鼓励。

吉林省人民政府

二○○○年十一月二十七日

荣誉证书

陈殿华 荣获全国

少年儿童校外教

育先进工作者光

荣称号

此证

▲ 吉林省有突出貢獻的中青年專家證書　　▲ 全國少兒校外教育先進工作者

　　豐腴的民間藝術土壤，濃濃的鄉土之戀，豐厚的關東文化塑造了他剛柔相
濟的內在氣質，也孕育了他個性獨特的藝術風格。一首首充滿民族意蘊和時代
氣息的歌曲隨著電波和出版物在祖國大地上傳揚。歌曲《關東情》在全國三十
多個省（直轄市）近萬件作品中，經五輪篩選脫穎而出，獲廣電部「中國廣播
新歌評比政府金獎」。《滿族鄉里閃珍珠》獲文化部、廣電部全國民間音樂舞
蹈比賽聲樂作品一等獎，並收入電影音樂專題片《田野之歌》中。

　　《滿家阿哥也在變》《東北花鼓》分獲文化部中國文化藝術群星大獎。《滿
族鄉的婚禮》獲精神文明建設「五個一工程」獎。他還為大型話劇《九龍吟》
《孔繁森》和大型晚會作曲。三十多年來，他共創作歌曲數百首，發表獲獎作
品三百餘首，其中省部級一等獎四首。

　　音樂是有靈魂的，這個靈魂就是真情。
他懷著真情寫歌，他用旋律謳歌著時代。他
說：「音樂是以情動人的，但這只是第一層
次，還有更重要的，那就是精神引領。」在他
的作品中人們感受到了民族精神，也感受到
了一份時代精神。

▲ 文化部全國「先進工作者」獎牌

第四章 ——

文化景址

　　四平市擁有豐富的人文景觀。從歷史文化景址、自然地理景址、革命紀念景址到現代城市景觀，均浸潤著深厚的文化底蘊和一脈相承的四平精神，彰顯著具有地方特色的文化功能價值。這正所謂：「五穀豐登日，四平氣象新。山河織錦繡，美景醉遊人。」

二龍湖古城遺址

▲ 二龍湖古城遺址

　　二龍湖古城遺址位於吉林省四平市鐵東區石嶺鎮二龍山村北崴子屯。城址平面呈方形，周長八百米，方向為南偏西三十度，城址西部殘缺，面積約四萬平方米。城牆由黃土夯築而成，殘存高度一至五米，城基寬十二至十五米。在南牆近中部保存有一錯口型甕門。城址內出土有戰國時期的鐵鑱、鐵質馬具、銅箭頭、燕國刀幣、銅帶鉤及陶釜、罐、尊、豆等器物，還有飾繩紋的板瓦、筒瓦，及半圓形素面瓦當等建築構件。陶器的特點具有較明顯的戰國時期燕文化特徵，為研究戰國時期燕文化在東北地區的分布提供了重要材料。這也是目前所知戰國中晚期燕國在東北地區最北的城址，為戰國七雄之燕國控扼東北的重要據點，因而具有重要的歷史、文化價值。

葉赫部城址

　　葉赫部城址為明末海西女真扈倫四部之一葉赫部的王城，包括東城、西城和商監府城。三城均位於鐵東區葉赫滿族鎮內，「相距里許」呈三角形分布。葉赫部原係明初塔魯木衛，始建於明永樂四年（1406 年）二月，居於呼蘭河畔。明宣德二年（1427 年）南遷至開源城東北鎮北關外，「在葉赫勒河涯建城」而居，遂稱葉赫。其強盛時，「地廣兵強稱大國」，有十五部、十二大姓、二十八座城寨。

商監府城

　　又稱珊延沃赫城，即白石山城。為葉赫部酋長褚孔革三子尼雅喀所建，為尼雅喀及其子孫延柱、南太、速巴亥等人所居。因靠近鎮北關，故明人稱其為「北關」。古城平面呈長方形，有內城和外城之分。內城有兩重城垣，外重城垣周長五百米。在西牆北部辟一南門。外牆沿山脊修築，周長一五〇〇米。此城有角樓，無馬面，無甕門。

▲ 葉赫部城址

西城

　　原稱「夜黑寨」，又稱老城或西城。為葉赫部酋長褚孔革及其子孫清佳努布寨、布楊古等人所居，延用八十五年。古城有外城和內城之分，外城三面依山，一面臨水，平面呈橢圓形。城垣以土石堆築，殘高二至三米，周長二三四七米，闢東、西二門。內城建在外城東南隅一座凸起的山岳之

上，平面呈梯形，南寬北窄，依山勢走向築城，城垣亦為土石堆築，周長七〇二米。內城有甕門二座、角樓四座、馬面十二座。城內有兩處長方形建築址，其上遍布青磚、布紋瓦、仰蓮紋瓦和三角形滴水、白灰塊等遺物。

東城

原稱「台柱寨」，又稱東城或新城。為葉赫部酋長褚孔革長

▲ 葉赫部出土文物

子台柱（又稱台杵或太楚），次子台坦柱及其子孫楊吉努、那林布祿、金台石等人所居，延用七十二年。古城有外城和內城。外城三面環水，一面靠山，平面呈圓角方形，城垣沿山崖邊緣修築，周長一一一三米。內城闢南、北、東、西三門，北二門門外均有馬蹄形甕城。有角樓而無馬面。城內有「八角明樓」（迎神殿）、瓦子堂（祭神殿）、「貝勒府」和「格格樓」等建築遺址。

明萬曆四十七年（1619年）八月十九日，後金國主努爾哈赤率四大貝勒八大臣傾全國之兵，大舉進攻葉赫部，直逼葉赫城。二十二日後金軍攻下葉赫二城，葉赫兩位貝勒雙雙殉難，歷二百餘年十一位貝勒的葉赫國從此壽終正寢，部民全部帶往建州編入八旗。

▌老邊牆

▲ 老邊牆

老邊牆位於吉林省中西部地區，東北至德惠市松花江鄉第二松花江左岸起，西南經德惠市北部、農安縣西南部、公主嶺市西北部、梨樹縣東北部、四平市鐵西區，從小邊進入遼寧省昌圖縣境內。沿線有松花江、飲馬河、伊通河、東遼河、昭蘇太河等。因沿線多為順山岡走向構築，故當地居民稱其為「老邊崗」。一九七一年吉林師範大學歷史系、吉林省博物館等單位對懷德縣老邊崗進行了首次調查。二○○六年吉林省文物考古研究所等單位對吉林省境內老邊崗遺跡進行了全線調查。該長城遺跡基本為東北──西南走向，夯土建成。在吉林省境內綿延二五○餘千米，其中公主嶺市懷德鎮老邊崗段和梨樹縣北老壕段保存狀況最為完好。其構築方法是在西側挖壕取土，在東側夯打築牆。公主嶺市境內邊崗屯的長城遺址解剖可知，邊壕開口寬度約六米；牆體在邊壕東側，底寬六米，殘高一點五米，夯層厚十至十五釐米，黃褐色黏土夯築。邊壕與邊牆相依，故稱其為「邊壕」或「邊牆」。目前，學術界傾向於認為，老邊崗邊牆是高句麗千里長城。該遺址規模宏大，綿亙千里，是中國歷史上繼秦漢長城、明長城、遼金界壕之後又一處古代線形防禦軍事性障塞，具有重要的歷史價值。

中東鐵路建築群

中東鐵路是沙俄在我國領土上修建的一條鐵路，是中國東清鐵路的簡稱，建於一八九六至一九〇三年，以哈爾濱為中心，西至滿洲裡，東至綏芬河，南至大連。第七批全國重點文物保護單位中東鐵路建築群主要包括二十二處，其中內蒙古自治區四處，遼寧十處，吉林省二處，黑龍江省七處，併入第六批全國重點文物保護單位 —— 中東鐵路建築群。吉林省共二，具體如下：

公主嶺俄式建築群

位於吉林省公主嶺市科貿西大街，現存機車廠車間一棟、石頭房子一棟、其他建築八處，占地面積約十六萬平方米，建築面積約一點一萬平方米。公主嶺俄式建築群形成於中東鐵路建設初期，隨著公主嶺火車站建設而逐漸形成。該建築群從建築風格

▲ 中東鐵路建築群

上，可分為小屋頂懸山式建築、小屋頂歇山式建築、大屋頂歇山式建築；從建築材料上看，可分為磚築、磚石混築和石築。

▲ 中東鐵路建築群

四平機車修理庫舊址

　　位於吉林省四平市鐵西區北溝街道，哈大鐵路四平火車站北約一點五千米處，始建於一九二五年。現存機車修理庫、機車修理庫轉盤和機車修理庫整備作業線，占地面積約二萬平方米。機車修理庫由主樓、車間組成，主體建築面積約六千平方米。磚混結構，屋頂由鉛皮鋪設。主樓位於南端，為三層凸字形結構，高約十米，正門朝南。主樓北部連接的機車修理車間為扇形結構，車間高八米，共十二間，每間二室，能同時容納二十四台機車。車間兩端開門。一樓頂部按扇形等距排開設有三十五個排煙口，間距五米，排煙口每處建有高約六米的煙囪。車間西北側等距分布十二扇門，分別與十二組呈放射狀分布的鐵軌相接。庫內有洗修線、架修線和轉盤，庫外有機車整備作業線。該建築目前整體結構穩定，保存現狀良好，至今仍在正常使用。四平段機車修理庫是中東鐵路南滿支線建築規格較高、規模較大、保存較為完好的機車修理庫，對研究中國近代鐵路建設史具有重要價值，該建築採用折中主義的設計手法，風格獨特，具有較高的建築藝術價值。

▲ 四平機車修理庫舊址

▍四平戰役紀念館

　　四平戰役紀念館是吉林省以展示重大戰役為題材的革命歷史紀念館之一，是國家級愛國主義教育基地，在全國有較高的知名度。原館舍建於 1958 年，坐落在四平市英雄大街中心地段。2005 年，在中央和省、市黨委、政府的重視支持下，新建四平戰役紀念館。新館占地 2750 平方米，建築面積 4850 平方米。其中展廳面積 2988 平方米，館內設半景畫館、序言廳、戰史廳、電影廳、今日四平展廳等八展廳，有「四戰四平歷史文物陳列」和「四平地區館藏歷史文物陳列」以及「四平英雄事蹟展」等。展示文物、照片資料二千餘件。紀念館現有職工三十六人，其中研究員三名，副研究員五名，館員十六名。內設戰史研究部、保管部、陳列部、群工部等事務部門。

▲ 坐落在吉林省四平市英雄廣場內的四平戰役紀念館

▲四平戰役紀念館門前浮雕和場內全景畫（一）

為紀念在四平戰役中英勇犧牲的將士，一九五三年在原烈士公園（現英雄廣場）內修建英雄銅像。一九五五年六月竣工的銅像塑造了兩位東北人民解放軍的英雄形象。一九六一年，經省政府核准，確定為吉林省第一批重點文物保護單位。

近年來，為充分利用好「四戰四平」的文化資源，讓英雄精神和事蹟世代相傳，紀念館改進陳展形式，充分利用聲、光、電、景觀復原等多媒體展示手段，重現當年的戰爭場景，增強教育效果。在此基礎上，紀念館製作了精美的「四戰四平」流動展覽，送到學校、社區、部隊、農村。還採取聯辦、承辦等多種形式舉辦展覽。先後舉辦了「紀念毛澤東誕辰一百週年圖片展」「愛我中華愛我英雄城圖片展」「紀念抗日戰爭勝利五十週年圖片展」「香港回歸圖片展」「清代柳條邊文物資料陳列」「二人轉藝術成就陳列」「今日四平陳列」等十

▲ 四平戰役紀念館門前浮雕和場內全景畫（二）

幾個大型臨時展覽。通過舉辦這些展覽，極大地豐富了人們的精神文化生活，擴大了紀念館的社會影響力。每年清明節、五四青年節、七一、八一、十一等節日前後，利用大量觀眾到館參觀的機會，開展「我為英雄城添光彩」「英雄在我心中」等教育活動，使人們受到深刻的愛國主義教育。一九九五年，紀念館被命名為「省、市愛國主義教育基地」；一九九七年，被國家文物局評為「全國優秀愛國主義教育基地」；二〇〇一年六月被中宣部命名為「全國百家愛國主義教育示範基地」；二〇〇四年，被省委命名為「吉林省中共黨史教育基地」；二〇〇五年被國家發改委、中宣部等部門列為全國三十條紅色旅遊精品線第二十六條的第一站，一百個紅色旅遊景區之一。

▍四平烈士陵園

一九七四年，為紀念在四戰四平中英勇犧牲的革命烈士，四平市革命委員會決定在四平市鐵東區北山修建四平市革命烈士陵園。這裡原是革命烈士墓地，始建於一九五一年，安葬著四戰四平中犧牲的七二五名有名烈士和近萬名無名烈士。陵園南北長

▲ 參加祭奠活動的解放軍官兵

五百米，東西寬四百米，占地面積二十萬平方米。園中央建有一座革命烈士紀念碑。

一九八九年，中共四平市委、四平市政府投資修繕烈士陵園，經過幾年努力，使其面貌煥然一新。重新修建了革命烈士紀念碑，碑高二十二米，碑座為

▲ 革命烈士紀念碑

三十六米見方，碑身呈四把刺刀狀，象徵四戰四平，碑座橫向陰刻彭真同志題詞「四平烈士永垂不朽」。重建無名烈士墓一座，墓體為十二平方米，陰刻洪學智同志題詞「四平烈士墓」。陵園大門仿古埃及金字塔造型，門兩側安放一對大型石獅，使整個門面氣勢磅礴、雄偉壯觀。大門豎向陰刻陳雲同志題詞「四平烈士陵園」。陵園內建有英烈事蹟展覽館。陵園墓區蒼松翠柏掩映，花草繁茂，既莊嚴肅穆，又景色宜人。一九八九年八月二十日，國務院批准四平烈士陵園為全國烈士紀念建築物保護單位。

▲ 園區內景

四平烈士紀念塔

　　四平市烈士紀念塔坐落在四平市鐵西區英雄大街與新華大街交會處的廣場中央，東距火車站約六百米。紀念塔整體建築由塔、牌坊和塔園三部分組成，占地面積二萬平方米。

　　為紀念在四平戰役中英勇殉國的將士，東北行政委員會、人民解放軍司令部暨政治部決定在四平市建立革命烈士紀念塔。一九五三年六月三十日，一座烈骨英魂鑄就的歷史豐碑巍然矗立在市中心。

　　紀念塔通高 23.25 米，塔座周長 75.6 米，面積 237.38 平方米。塔基為二級園台，塔座上有八面體塔室。二十根瓜棱石柱環繞塔室，支撐室頂，凌空托起 20.6 米的塔身。塔頂鑲嵌著一顆閃閃發光的五角紅星，象徵著英烈的精神永放光芒。塔前三十米處建有牌坊。塔園為圓形，園內青松環繞，白鴿翔落。

　　紀念塔建成後，在塔身四周均有題詞。塔正面題詞：「為解放人民而奮鬥犧牲的烈士永垂不朽。」塔背面題詞：「成仁有志花應

▲ 四平烈士紀念塔全景

碧，殺敵留紅土亦香。」塔身南面題詞：「日月同光山河並壽人民戰士永垂不朽。」塔身北面題詞：「中華人民優秀兒女萬古千秋。」塔前牌坊匾額上題「四平烈士紀念塔」，兩側楹聯為「革命業績垂千古，烈士光輝照山河」。「文革」中，塔身正面題詞換成毛澤東的手書「人民英雄永垂不朽」，牌坊兩側楹聯換成毛澤東詩詞《七律·回韶山》中的「為有犧牲多壯志，敢教日月換新天」。

烈士紀念塔如今已成為英雄城——四平的象徵性標誌。四平市政府先後三次對紀念塔廣場進行維修擴建，每年均有數萬名社會各界群眾來這裡參加祭掃活動。一九六一年紀念塔廣場被吉林省政府列為革命烈士紀念建築物重點保護單位，一九九四年被省委、省政府列為愛國主義教育基地。

東北民主聯軍四平保衛戰指揮部舊址

東北民主聯軍四平保衛戰指揮部舊址位於梨樹縣梨樹鎮內，為省級文物保護單位。該舊址始建於清道光年間，解放前係梨樹偽滿協和會委員張紹禹的住宅。整個宅院坐北朝南，為清代四合院建築，占地面積一千七百平方米，共有房舍十五間。該建築為磚木結構，係青磚青魚鱗瓦、硬山明梁明柱式建築，外牆為擠縫構築，上部房脊兩端有鴟吻裝飾，房簷為花葉形滴水，建築物四周建有圍牆。

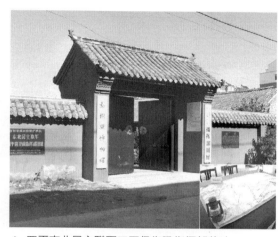

▲ 四平東北民主聯軍四平保衛戰指揮部舊址

二〇〇三年，梨樹縣政府對瀕臨倒塌的舊址建築物進行了重新修葺，改造成博物館，負責保護、管理該舊址，同時利用該舊址對廣大群眾和中小學生進行愛國主義教育和革命傳統教育。

梨樹縣博物館現有館藏歷史文物和近現代革命文物三千餘件，館內舉辦了「東北民主聯軍四平保衛戰指揮部作戰室原狀陳列」「四平保衛戰戰史陳列」和「梨樹縣黨史圖片陳列」。每年還舉辦各種臨時展覽，免費向社會公眾開放，供遊人參觀。現在每年接待參觀人員六萬餘人次，成為對青少年和廣大群眾進行愛國主義教育的重要場所。

東北民主聯軍戰士銅像

東北民主聯軍戰士銅像位於四平市鐵西區兒童公園內。銅像高 2.5 米，重 1.5 噸，中空。塑造了兩位民主聯軍的英雄形象。著裝均一式，頭戴皮棉帽，足登皮靰鞡，裹著綁腿，穿一身棉軍裝，披著斗篷。其中一位左腋下夾著炸藥包，作匍匐前進狀。另一位端著衝鋒槍，作奔跑衝鋒狀，斗

▲ 東北民主聯軍戰士銅像

篷隨著帶起來的風在飄動。樸素的服裝，高大的身軀，威嚴的面孔，噴射著怒火的眼睛，生動地表現了人民戰士所特有的英勇頑強、不怕犧牲、無往不勝的壓倒一切敵人的偉大氣魄。底座為石砌四棱台，高 2.2 米，邊長 1.5 米。基座邊長 5.5 米。周圍護欄邊長 12 米，共由 20 根圓柱組成，中間以鐵筋串聯。全部石料均係花崗岩。占地 144 平方米。整個銅像廣場占地總面積為 4900 平方米。

銅像修造工程自 1953 年開始。設計工作聘請東北藝術學校即今瀋陽魯迅美術學院的專家擔任。銅像鑄造工程由四平市正大鐵工廠即今四平市鑄造廠承擔。鑄造技師從北京、上海等地聘請，連同該廠技工共 20 餘人，歷時三個月鑄造完工。最後將鑄件運至現場組裝，採用銅鉚焊技術裝成。銅像鑄造材料為銅、錫合金，表面塗一層化學防腐劑。

全部工程於 1955 年 6 月告竣。1961 年，經省政府核准，英雄銅像和解放烈士紀念塔一起被確定為吉林省第一批重點文物保護單位。

山門烈士陵園

▲ 山門烈士陵園

　　山門烈士陵園位於四平市鐵東區山門鎮東山上，西距山門街約 1.5 公里，四周青山環抱。

　　陵園由園門、紀念碑、陵墓等組成，占地總面積約為 22500 平方米。係磚、石、水泥建築。方向正南。園門兩根石柱高 2.5 米，上刻楹聯一副：「為有犧牲多壯志，敢教日月換新天。」碑高 5.2 米，基座呈方台形，最大底邊長 5 米，三級。碑身為長方形柱體，正面陰刻「人民英雄永垂不朽」。背面陰刻「在人民解放戰爭中，攻克四平壯烈犧牲的人民英雄們永垂不朽！敬立此碑，永世銘記。誓將革命進行到底！」落款為「中共四平市山門公社委員會、中共四平市山門公社革命委員會。一九七四年七月三十一日」。碑後約 2 米為陵墓。墓長 4 米，寬 2.5 米。上書「革命烈士之墓」，字跡模糊不清。四周植有青松。

　　1974 年，中共山門公社委員會和山門公社革命委員會為紀念在解放戰爭期間特別是攻克四平的戰役中犧牲的烈士，決定建這座陵園，將葬在各村屯的楊玉臣等 264 位烈士遺骨集中安葬在這裡。同年 7 月建成，8 月 1 日舉行隆重的追悼儀式。

仁興街

仁興街街址位於四平市鐵西區,原名「四道街」,介於三道街和五道街之間。全長約三公里,是四平最繁華的商業街。

1947 年 6 月,東北民主聯軍調動近十個整師約十萬人的兵力,發動了進攻四平的戰役,解放戰爭史上稱作四平攻堅戰,戰役從 6 月 11 日開始打響,到 6 月 30 日結束,歷時二十天。6 月 23 日傍晚,東北民主聯軍七縱隊十九師師長馬仁興在作戰中不幸中彈犧牲。馬仁興是東北民主聯軍重要將領,共產黨領導下的優秀指揮員。他的犧牲是共產黨和共產黨領導下的人民軍隊的一大損失。

▲ 「遼吉功臣」馬仁興烈士像

為紀念馬仁興同志,經東北行政委員會、東北軍區批准,將原四平市四道街改為仁興街。1948 年 5 月 26 日,四平市軍民萬餘人集會,舉行仁興街命名典禮。市長張學文作了報告,遼北省政府主席閻寶航發表了重要講話,他指出:仁興街,是全國人民解放的道路,馬師長將永遠活在四平和遼北省人民的心裡。會後,沿仁興街舉行了盛大遊行,在黑色的挽幛上寫道:「仁成義取,興我中華」。

四平解放六十多年來,隨著社會主義建設事業的迅速發展,四平市已發展成為全國著名的中等工業城市,仁興街也發生了巨大變化。昔日低矮的日式、俄式建築已不復存在,一幢幢宏大的建築物矗立在寬闊筆直的街道兩旁,吸引著來自四面八方的人們,成為高樓櫛比、人流如織、聞名遐邇的新的商業步行街,馬仁興同志的英名也因此而蜚聲全國。

山門風景區

　　山門風景區位於四平市鐵東區山門鎮境內，距市中心僅十六公里。是國家
2A 級景區、省級風景名勝區、市青少年愛國主義教育基地。風景區建於一九
八一年，由杏花山、德仁堂山和山門水庫組成，杏花山上建有三二〇延長米的
盤山長廊，七座造型優美的亭台分布在長廊之間。以自然景觀為主，真山真
水，加上龍泉閣、二十四孝宮等人文景觀，風景秀麗，景色宜人。庫區水面寬
闊，碧波蕩漾，放養各種魚類，備有汽艇遊船，供遊人娛樂。山上植有松、
柏、榆、楊等各種樹木，山路幽深，四季遊人不斷。

▲ 山門風景區

二郎山莊

▲ 二郎山莊

　　二郎山莊位於四平市鐵東區山門鎮境內，乘坐公交五路車可以直達。距四平市十一公里，國家 2A 級旅遊風景區。是一處融人文和歷史及自然景觀為一體的綜合旅遊景區。建於一九九三年九月，建在海拔二九三米的半拉山上，總占地面積十五萬平方米。區內自然景觀鬼斧神工、瑰麗奇特，人文、歷史景觀內容豐富，寓意深刻。沿登山路徑築有二三九級台階，具有「喀斯特」地貌的山嶺築有一五〇米仿古長廊。景區內有青雲寺、財神堂、觀音堂、二郎神宮等景點。每逢農曆四月初八、十八、二十八日為二郎山莊廟會，在廟外進行地方戲曲表演，吸引大批遊人、香客觀看。

二龍湖風景區

　　二龍湖風景區位於四平市東部，地處東遼河流域。距長平高速公路 25 公里，四白公路 15 公里。屬吉林省省管第一大水庫，第三大人工湖泊，最大水面 170 平方公里，蓄水量為 17.62 億立方米，主壩長 410 米，高 31 米。副壩長 90 米，高 10 米。在主副壩之間溢洪道的閘墩上鐫刻著吉林原省委第一書記吳德同志於 1962 年 10 月 7 日題寫的「二龍湖」三個大字。每個字 2 米見方，赫然醒目。二龍湖是以防洪灌溉為主，結合發電養魚、旅遊等綜合利用的水利樞紐工程。

　　二龍湖水庫始建於 1943 年 12 月 15 日，是日本為了進一步掠奪農業資源，在此動工修建的水庫攔水壩。1945 年夏季開始蓄水。1949 年歸屬民主政府接管。1950 年投入運行。1958 年經水利部批准開始擴建，1966 年按一級建築物設計標準完成了施工任務。

　　二龍湖畔二龍山，是兩座雄偉的南北走向的山岡，恰似兩條巨龍臥於湖畔，保護著四平這一風水寶地。山上栽有各種針葉、闊葉林，山上有一仿古亭。二龍湖畔還有距今 2300 餘年的戰國燕北古城遺址。湖底還埋藏了明末海西女真扈倫四部之首葉赫部的赫爾蘇城和清代赫爾蘇驛站。

▲ 二龍湖風景區

轉山湖風景區

▲ 轉山湖風景區

轉山湖風景區位於四平市東南葉赫滿族鎮，與四平著名民俗旅遊景區葉赫那拉城毗鄰。是國家林業部批准的森林公園。一湖碧水呈「S」形繞山而行，湖水繞山，山環水畔，故而得名。

轉山湖是一座人工湖，開工於 1976 年 6 月，竣工於 1982 年 10 月。截葉赫河成湖，是以防洪、除澇為主，結合灌溉、養魚、發電等多功能調節的中型水庫。總庫容 3174 萬立方米，壩長 317 米，壩頂寬 6.5 米，最大壩高 22.30 米。

轉山湖風景區 265.1 平方公里的景區內森林覆蓋率達 56%，人工林、天然林混交。逢春，山花競放，百鳥爭鳴；盛夏，綠色蔥蔥，溪水潺潺；金秋，五光十色，果滿枝頭；寒冬，銀裝素裹，玉潔冰清。5000 畝水域，魚肥水美。二龜雙鎖的自然景觀令遊人流連忘返。

葉赫那拉城

▲ 葉赫那拉城（一）

　　葉赫那拉城位於四平市東南部葉赫滿族鎮，距市區三十公里，是國家 3A
級旅遊風景區。葉赫歷史悠久，古稱「葉赫國」，是滿族的重要發祥地之一，
這裡又是清初皇太極生母孝慈高皇后的出生地和清末慈禧太后、隆裕皇后的祖
籍地，素以「三代皇后的故鄉」而聞名於世。

　　葉赫那拉城坐落在風景秀麗的轉山湖畔，於一九九四年異地復建，占地面
積三萬四千平方米，建築面積八千平方米。整體建築古香古色，獨具民族特
色，再現葉赫那拉歷史雄風。城內的景點驛站、議事堂、公主樓、民俗館、皇
后館、慈禧太后展廳、努爾哈赤展館等分別以人物塑像、照片、圖片、文物等
歷史資料為內容，從不同的角度展現葉赫歷史，深刻地顯示了葉赫滿族先人濃
郁的民族氣息。

　　一九九六年景區修繕竣工，並在此拍攝了電視連續劇《葉赫那拉公主》。

▲ 葉赫那拉城（二）

皇家山滑雪場

隨著歲月的變遷，葉赫古城與現代生活相融合，現代文明讓葉赫更是平添了美麗。葉赫那拉城腳下的滑雪場是一個觀光勝地，總占地面積二百萬平方米。它是四平市第一家滑雪場。滑雪場交通便利，距市區三十公里，是集競技和旅遊於一體的綜合滑雪場，設有少兒滑雪道、初級滑雪道、中級滑雪道、雪圈道、雪橇道、雪地摩托場地、滑冰道、冰上短道汽車拉力賽道，可開展滑雪、滑冰、雪上飛碟、冰上滑梯、馬爬犁和狗爬犁、汽車拉力賽等多種冰上運動項目。這裡主要以動感旅遊為主，觀光旅遊為輔，動靜結合、冷暖兼容、四季經營。每年有很多遊客來這裡旅遊觀光，春季賞花踏青、夏季拓展訓練，秋季品果暢遊，冬季滑雪遊玩。

▲ 皇家山滑雪場

冬捕是滑雪場的另一個重頭戲。這裡有豐富的魚資源，吸引了很多遊客慕名而來，參與其中，上百人冬捕的場面氣氛熱烈，新打撈上來的幾十斤鮮魚更是人們的新寵，拍賣的場面笑聲不斷，這一古老的捕魚方式在現代社會更是被賦予了新的內涵。

康熙井

　　四平市鐵東區葉赫滿族鎮營盤村臥龍屯境內一眼康熙井保存完好。據悉，康熙井修建於一六八一年春季，此井直徑為二七〇釐米，井口直徑為七〇釐米，井盤材質為灰白色花崗岩石材，呈古錢幣狀。一六八二年夏季，康熙皇帝帶領納蘭性德、明珠、南懷仁、高士奇等朝廷臣僚東巡體察民情，來到葉赫臥龍屯駐紮一週，並在這裡檢閱清兵訓練、體察百姓生活情況。康熙皇帝在此期間飲用此井水，稱讚此井水甘甜爽口，健脾開胃，有益健康。後來人們稱此井為康熙井，稱此屯為臥龍屯。

▲ 康熙井

布爾圖庫蘇巴爾漢邊門衙門舊址

　　布爾圖庫蘇巴爾漢邊門衙門舊址位於四平市鐵東區山門鎮半拉山腳下，省級文物保護單位。清代興建柳條邊，又稱柳邊或條子邊，是一條土築地域封禁和行政區劃標誌設施。它橫跨遼寧、吉林兩省，為清代重要歷史遺跡，由於修築的時間和所在地域不同，分為老邊（盛京邊牆）和新邊（吉林邊牆）兩部

▲ 布爾圖庫蘇巴爾漢邊門衙門舊址

分，老邊南起山海關長城腳下，經綏中、義縣、新民、法庫、開原南折鳳凰城至海。全長九七五公里，始建於崇德三年（1638 年），竣工於順治十八年（1661 年）。設鳴水堂、九官台、白土廠、威遠堡，鳳凰城等十六座邊門。新邊，南起開原老城北大樣堡，經四平、長春、九台至舒蘭縣亮甲山，全長三四三公里，竣工於康熙二十年（1681年）。設布爾圖庫、赫爾蘇、伊通和法特哈四座邊門。《吉林通志》卷十五：「布爾圖庫門，舊名布爾圖庫蘇巴爾漢，又名半拉山門。蘇巴爾漢，國語塔也，以門之東南塔山為名。乾隆年間奉部文裁蘇巴爾漢四字，唯稱布爾圖庫門。」為新邊（吉林邊牆）第一座邊門。始建於康熙九年（1670 年），當時僅有一座邊門的門樓，兵丁房和倉庫。初設蘇喇章京一員，筆貼式一員，披甲兵十名。其後相繼修建大老爺府（五品防禦官邸）、二老爺府（八品筆貼式官邸）和老爺廟（關羽廟）。康熙二十年，設五品防禦一員、八品筆貼式一員，披甲兵二十名在此駐守。至光緒末年，隨著邊外蒙荒放墾和柳條邊馳禁，布爾圖庫邊門的各種設施相繼廢棄。目前僅存兵丁房和二老爺府。

中生代火山地質公園

▲ 地質公園中生代火山全景

中生代火山地質公園位於四平市東南山門鎮至葉赫鎮之間，是省級地質公園、省級自然保護區，屬典型的白堊紀流紋岩地質景觀，是世界稀有的地質遺跡，具有產出狀態齊全、地貌形態完整、地質形跡清晰、岩石構造奇特等特點。走進園區，會看到絢麗多彩的地質遺跡：一面面由修長石柱密集排列的險峰絕壁，像巨幅雨簾垂天而降；一根根突兀而起的石柱如欲破青天的長劍，聳入蒼穹；一排排轟然橫斷的黑褐岩陣似喧潮奔湧，巨浪排空；一簇簇卵狀岩球堆積而成的礫灘像斑駁花海，滾翠翻紅；一條條錯落疊褶的熔岩構成深壑窄谷如天匠雕琢，鬼斧神工……這是億萬年前火山噴發生成的流紋岩柱狀節理和火山礫、火山豆構畫出的地質圖案，這是大自然為人類撰寫的跨越時空的絕版地質教科書，這是地球生成時岩河橫流的實物檔案，也是世界罕見十分珍貴的地質奇觀。

四平山門火山地質公園對於開展火山地貌成因研究和類型劃分，高山湖泊及濕地的研究與保護，普及地質科學教育有重要的理論意義和科學價值。園區內生態環境優良、森林植被保護完好，形態各異的火山地貌景觀和豐富多樣的野生動植物資源，為地質和生態考察研究、資源開發、科普教育、旅遊觀光、探險健身、休閒度假等提供了十分寶貴的場所。

英雄廣場

　　英雄廣場的前身是一九一九年建成、一九三九年擴建的「中央公園」，一九四八年四平解放，定名為「烈士公園」，一九八〇年改名為「兒童公園」，二〇〇二年經改造、建設，定名為「英雄廣場」。占地面積三萬平方米，有各種樹木、花卉、草坪和市民健身設施，南鄰英雄大街，正中間有英雄廣場紀念碑，背面鐫刻《英雄廣場賦》。廣場景點包括東北民主聯軍戰士銅像、賢母亭、體育健身場、門球場、音曲廳、音樂噴泉、廣場時鐘、戰役紀念館、四平攻堅戰指揮部等。英雄廣場是人民群眾休閒健身、開展娛樂活動的公共場所，也是市、區政府、各部門及群團組織舉行會議、演出、展覽、慶典儀式的首選之地。

▲ 四平英雄廣場中心

重鎮四平，百年滄桑。松遼腹地，關東穀倉。承物華天寶之佳譽，秉人傑地靈之郡望。據東北交通樞紐之要塞，處歷代兵家必爭之域方。昭英雄浩浩青史，解放戰、保衛戰、攻堅戰、收復戰，萬縷忠魂演悲壯；念先賢彤彤偉業，沐硝煙、浴戰火、喋熱血、捐身軀，一代英傑留餘香。四平鏖戰譜先曲，遼瀋逐鹿鑄輝煌；偉人有東方馬德里之訓勉，神州誦北國英雄城之絕唱。時值世紀開端，欣逢壬午歲祥。為添造人民福祉、慰祭先烈英靈、銘念前輩功德、彰顯和平理想，遂於斯地關建文化樂園，謹奉民意定名英雄廣場。縱覽廣場，意趣橫生。地闊十萬平方米，自成九景具美名。深味其含義，既鏡照戰爭往史，又象徵四平中興。一曰太陽星座，崇麗輝煌。浮雕鐫美照簷壁，葵花錦簇走環廊。國旗飄展凝巨力，渾天紫瑞耀祥光。二曰月亮宮闕，柔美酣暢。水幕巨像，珠玉琳瑯；綵燈碧水，儀態萬方。陰陽交輝，乾坤豁朗；英雄亮節，日月同光。三曰幾何憩苑，周至明朗。開方亭而形成四座，鑄金牛而奮力拓荒。樹陣規矩典雅猶如凝神暢想，環境清幽有序愈顯厚重端莊。舒解疲勞宜小憩，驅消暑氣可乘涼。四曰文曲樂府，清雅麗亮。舞榭歌台，演繹人間錦繡；絲竹管弦，澎湃生活樂章。長籟短笛，天音凡響；輕歌曼舞，妙韻幽芳。五曰史卷鐘壇，寓意深長。時鐘追日彷彿催人舉步，文展浮雕恰似沙場回放。六曰烽火遺樓，見證既往。復讀小樓歲月，漫步玉階迴廊。白鴿翩躚應知舊時戰場，綠樹婆娑裝點今日華章。七曰群雕桂坊，氣息奔放。前觀生活祥和，回眸歷史雄壯。瞻先烈銅像砥礪奮發圖強，賞精雕巧藝體味昇平景象。八曰健身芳洲，養性安康。舞劍戲球，擲躍垂蕩。氣度恢宏將軍像，玉音婉轉鳳朝陽。俯瞰民生安泰仁興應笑慰，仰視將軍威儀後人皆神往。九曰童稚趣園，綺麗芬芳。遊戲雕塑編織孩提天真世界，塑膠卡通洋溢未來爛漫曙光。幼有所撫，老有所養。太平盛世，國瑞民祥。萬千氣象，英雄廣場。或優美，或雄壯，或低回，或高亢，或南國婉約，或北地粗獷。四季嘉木，迭翠凝芳。月移花影，風動暗香。春有夭桃郁李，櫻戀海棠；夏則碧草紅花，柳依驕楊；秋有紅楓金葉，甜果凌霜；冬則蒼松翠柏，素裹銀裝。鼓唱金鳴，秧歌起浪。挈婦將雛，熙來攘往。

崇大中華之禮儀，揚真善美之風尚。熔煉英雄城文化，催發四平人向上。英雄
精神溢彩流光，英雄人民張帆遠航。勒此銘文，永志不忘。

▲ 英雄廣場全景

▍紫昕廣場

　　紫昕廣場位於四平東南生態新城和紫氣大路的東端，占地十一公頃，是融城市客運交通集散與城市出口景觀於一體的城市廣場，廣場內含高速鐵路四平站、公路客運樞紐站、公交及出租車停車場、人流集散廣場、景觀區等。站前廣場寬闊而有層次感，站房正面修建寬二十米、長一四五米的疊水，表示四平市對往來乘客的歡迎。在紫氣大路的中心軸上設置下沉的圓形廣場，並有形態豐富的噴泉。由排列狀樹木形成的林蔭道廣場，以景牆和附加長凳來分段，從而提高空間密度。在廣場中心位置建有地標式的城市規劃館，形成整個廣場的

▲ 紫昕廣場（一）

核心聚焦點。在交通組織上將客運中心、公交車站、出租車乘降點及普通車輛停車場分離設置，形成人車分離，保證安全性、便利性的需要。

　　站前庭園是以和站前的疊水成一體的大「湖」為中心的園林，係東西長一二〇米、南北長四五〇米、面積五點四萬平方米的庭園式公園。庭園中心湖起名「龍池湖」。南側、北側還設置了供市民開展文體健身活動的小廣場。

▲ 紫昕廣場（二）

西湖水上公園

▲ 二龍湖古城遺址

　　西湖水上公園位於紫氣大路西端，紫氣大路和西郊街交叉口的北側，距高鐵車站直線距離八公里，占地面積十一點九萬平方米，其中硬化面積二點七萬平方米，綠化面積六點八萬平方米。該公園在設計理念上，致力於營造一個為市民提供有氧運動和休閒娛樂活動的空間，提高城市生態水平。在園內南側修建有山丘、山谷，使平坦地形有了層次變化。山丘種植林木，山谷有小溪穿過。大門中央北側設置了富於變化的開闊的草坪廣場，其東側設置了演繹季節感的花園。在草坪廣場、花園區北側的一角，設置了以五歲以下兒童為對象的遊樂場地和以老人為對象的健身場地。湖區水面被整修成多變的自然曲線的護岸線，波光流韻，岸芷汀蘭，上下游的河流打造了具有親水性的堤岸和行道林，供市民悠閒散步。

　　該水上公園以鳳凰為主題，與葉赫皇后故里的文化傳承相適應。在公園主軸線上有三座雕塑「鳳凰迎客」「有鳳來儀」「鳳凰朝陽」，提升了全景的文化品位。

旭日立交橋

　　四平市紫氣大路旭日立交橋建成於 2013 年 11 月，是四平東南生態新城連接老城與新城的樞紐型大動脈，該立交橋工程全長為 1739.3 米，主線設計為雙向六車道，一級城市主幹路。這項工程包括紫氣大路、東盛大街及 A、B、C、D、E、F、G、H 匝道，以及 L、M、N、O、P、Q 六條非機動車道。橋梁工程包括主線高架橋、立交匝道橋，為非機動車道設置的地道橋和一座地面橋。橋塔形狀為環圓形鋼塔，塔高一百米，邊跨用四組拉索與鋼塔組成斜拉體系。它的建成通車，使四平又增加了一處重要的標誌性建築。

▲ 旭日立交橋

四平東站

　　四平東站位於四平經濟開發區長發村，長平高速公路收費站西側。東站建築面積 5258.9 平方米，進出站返道淨寬 8 米，建築面積 1981 平方米，高度 18.9 米，框架結構，旅客客運面積 4000 平方米，其他設備用房面積 1300 平方米。站台無柱風雨棚 450×55.6 米。四平東站處於哈大鐵路客運專線節點位置。四平作為東北最重要的交通樞紐之一，高鐵的建成有利於緩解四平火車站的客流壓力。高鐵火車站的落成也給四平的發展帶來了契機，伴隨哈大高鐵四平站的運行，四平東南新城將崛起。四平市政府規劃在高鐵東南外沿建設連接市中心區域的長 4500 米、寬 100 米的紫氣大路和南北向 50 米寬的東盛大街為經緯，打造成為以城市生態花園、綠地生態景觀、商業金融、生活居住、文化會展、物流交通等功能一體的「藍天、碧水、綠樹」映襯下的現代化東部生態新城。

▲ 四平東站

▲ 高鐵橋

▲ 停靠在四平東站的高鐵和諧號

四平站及四平天橋

　　四平站，原名五站、四平街站，站址位於四平市鐵西區英雄大路。一八九八年沙俄修建東清鐵路南滿支線時，從寬城子（長春）向南每隔三十公里設置一站，經范家屯、公主嶺、郭家店到四平為第五站，故名。一九〇三年七月，南滿支線全線通車，沙俄將五站定名為四平街站。一九〇六年以後歸屬日本南滿鐵道株式會社管轄。

　　四平站原為瀋陽鐵路局長春鐵路分局直屬的客貨一等站，現為隸屬於瀋陽鐵路局的客貨一等站。四平站新站房於二〇〇四年落成，使該站成為全國鐵路十八大編組站之一。京哈、平齊、四梅鐵路在四平站交會，四平站擁有中國東北重要鐵路樞紐的位置。

▲ 天橋

▲ 英雄城新貌之車站廣場

　　四平站與北京站軌道距離 1054 公里，與哈爾濱距離 358 公里，與齊齊哈爾距離 571 公里，與梅河口距離 155 公里。該站有每日始發至通遼、通化的旅客列車，有途經四平站到達北京、天津、長春、瀋陽、哈爾濱、廣州、武漢、石家莊、南昌、大連、包頭、煙台、青島、佳木斯、錦州、牡丹江等地的旅客列車停靠。有瀋陽北站始發至哈爾濱站，長春站始發至北京站，哈爾濱站始發至北京站、天津站、瀋陽北站的「和諧號」動車組經此停靠。

　　四平天橋建於一九二七年，原名「昭平橋」，位於四平火車站北側，長大鐵路 585 公里零 50 米處（自大連算起），主橋長 83.6 米，四孔，鋼梁結構，橋面鋪有長、寬、高均十釐米的方石。主橋之外建有東、西兩側引橋，東側引橋長 105 米，西側引橋長 191 米。四平戰役期間，橋身遭受重創。一九六六年

曾經大修一次。隨著城市發展，原天橋寬度已不適應交通流量需要。一九七四年市革委會投資 62.9 萬元對天橋加以擴建，主橋由原 13.4 米加寬至 23.4 米，其中十米為兩側人行步道。一九八五年經吉林省交通科學研究所檢測，定為險橋。一九九六年經鐵道部、四平市投資 6600 萬元進行大規模改建，工程歷時二一五天，一九九六年十月二十六日竣工通車。改建後橋寬 33 米，長 800 米，東引橋五跨，主橋八跨，西引橋十八跨。面貌一新，氣勢宏大，成為四平重要交通樞紐。

南湖公園

　　南湖公園前身是一九三七年建立的「南個丘公園」（後改為「千草公園」），占地面積十六點五萬平方米。四平解放後改名為「南湖公園」，幾經整修。一九八〇年經市政府投資重修，清淤擴面，重新注水，廣植花木，開闢景點，面貌有很大改變。二〇〇〇年再次改造，擴充景點，整修環湖道路，引進荷花扮美水面，冬季舉辦冰燈展覽和冰雪賽事，春夏秋三季，園區活動益加豐富，旱冰、遊艇、游泳、天車、動物表演等活動。園內林木繁茂，亭台樓閣，曲徑迴廊，與一湖碧水相映成趣，成為鬧市中心的一個清雅去處，是老幼咸宜的休閒娛樂和健身場所。

▲ 四平南湖公園

「兩河四岸五湖」城市景觀

　　四平市區南北河全長三十一公里，上游分別是城市東部的塔山水庫和下三台水庫，兩河匯合後稱條子河，向西流入遼寧省。二〇一一年四平市委、市政府提出「一核三帶」，重點打造「一核」，實現把四平建成宜居城市的目標。在城市全面規劃中，提出要以南北河的「兩河四岸」為重點，營造生態亮麗的風光帶、綠色長廊，使城市更加秀美，更加靚麗，更加靈秀，更具魅力。

　　「兩河四岸五湖」項目，「兩河」就是按照自然、生態、親水的理念改造、建設南北河。通過亮化工程使兩河亮起來，通過親水景觀建設使兩河美起來；「四岸」就是要在沿河修建濱河道路、綠化長廊，並在其中點綴公園、建築小品、親水景觀等，使四岸變成綠色風光帶和景觀長廊；「五湖」就是在南北河各建兩處面積較大的人工湖，在西部建設一處四十八萬平方米的人工濕地。水環境及景觀建設使岸綠河清，流水環城，閣榭亭園點綴其中，夜燈璀璨、溢彩流熒。主城區建成的堤防河段提升改造、美化亮化工程，包括木柵棧道、閣榭亭台親水景觀，沿河人行步道、堤防護欄、跨河橋梁。

　　綠色長廊建設主要是在新建河道段，在河兩側建設三十至一百米的綠化林帶。在林帶中建設若干公園、廣場及景觀小品，包括健身廣場、文化廣場、漫步廣場、風箏大草坪、休閒氧吧以滿足各年齡段居民的休閒娛樂需求。

　　悠悠南北河，魅力英雄城。四平百姓和各方遊客驚喜地發現，幾年來兩河四岸不斷發生著變化，不僅環境更加生態宜人，還出現了小橋流水、綠島鮮花、親水平台、濱河走廊、夜燈炫彩等人文景觀，投資數億的河湖項目和環境工程正在建設中。

▲ 兩河四岸五湖

吉林師大滿族文化與東北譜牒研究基地

▲ 譜牒館

滿族文化研究基地建於二〇〇一年，是吉林省最早建立的哲學社會科學重點研究基地之一，也是東北地區最早一批建立的滿族文化研究基地，二〇〇八年被併入吉林省特色文化研究基地系列。東北譜牒文化研究基地建於二〇〇七年，是吉林省最早一批建立的地方特色文化研究基地，兩個基地均依託於吉林師範大學滿族文化研究所。在吉林省哲學社會科學規劃辦公室的指導下，在吉林師範大學的大力支持下，基地在東北地區特色文化挖掘、搶救、整理及研究方面取得了重要成績，已經成為地域優勢明顯，學術特色鮮明，在國內外具有重要影響的地方特色文化研究基地。

基地重視對東北地方民族文化遺產的挖掘、搶救與保護，以對東北民間八旗譜牒的搶救與保護為代表，現已徵集搶救東北民間八旗譜牒近一千部，薩滿

▲ 吉林師範大學黑陶文化

▲ 民俗館局部

▲ 滿族佟佳氏歷史博物館

▲ 歷史文物館

▲ 福文化博物館

祭祀神詞十餘部以及大量影像資料、民俗文物等，並建成八旗譜牒館、滿族佟佳氏歷史博物館等五館，其中八旗譜牒館集譜牒收藏、展示、保護、查詢功能於一身，已成為海內外此類文獻的收藏中心和八旗譜牒資料信息的查詢中心。

　　設有滿族語言文字研究、滿族歷史文化研究、東北譜牒整理研究、滿文文獻翻譯整理、民間文化遺產調查研究五個研究室，不斷拓展科學研究，並推出了一批有影響的成果。其中以五卷本《清代東北邊疆滿語地名編目集成》為代表，滿族文化研究叢書已出版二十餘部；與中國社會科學院、日本東北學院大學、東北人民大學清史研究所、韓國高麗大學滿學研究中心等國內外著名滿學、清史研究機構建立了密切的學術聯繫，開展廣泛學術交流。

　　注重加強與地方政府的聯繫，已建成分支基地十七個，將基地輻射範圍擴大到新疆察布查爾錫伯自治縣，形成了覆蓋滿族文化區的基地網絡體系。先後

為長白山管委會、九台、琿春等地方政府提供文化旅遊開發指導多次；與吉林省白山市江源區合作開發東北黑陶工藝品，與四平市鐵西區政府合作開發滿族民俗工藝品，推動了地方經濟文化建設。以「滿族語言文化」專業博士點和「滿族歷史文化」專業碩士點為依託，培養了一批地方急需滿族文化高級專門人才，為地方經濟文化建設注入了新生力量。

紅嘴集團公司展覽館

　　紅嘴集團公司展覽館建於二〇〇四年五月，位於四平市鐵西區紅嘴路二十八號。該館記述了紅嘴集團公司由一個小型社辦企業到全國特大型鄉鎮企業集團的發展軌跡，是吉林省第一家展示鄉鎮企業歷史和創業者事蹟的展覽館。

　　紅嘴人不畏艱難困苦、爭創一流、敢為人先的精神是四平市富民興市的寶貴財富。為把紅嘴人不平凡的創業歷程展示給世人，一九九一年，四平市委、市政府把紅嘴確定為愛國主義教育基地。集團組建後，公司投資一百餘萬元在總部辦公樓內建立了「紅嘴展覽館」。展覽館面積三二〇平方米，共設春風化雨、昔日紅嘴、春天故事、春華秋實、榮譽時空、締造者風範六大部分，共有各類展櫃二十台，展窗三台，共展示圖片三百多幅，還有實物、文書資料、沙盤、圖表等展品。配備了一套紅嘴人自編自拍的電視專題片《神州第一屯》，全長一百分鐘，直觀、系統地記述了紅嘴的發展歷程。放映室可供一五〇人同時觀看。紅嘴的檔案室也是展覽館的配套部門。

　　二〇〇六年六月，紅嘴集團公司展覽館被吉林省委、省政府命名為「吉林省愛國主義教育基地」。

第五章

文化產品

　　四平文化產品豐富多樣，它們是以漢族為主的多民族共同開發四平的見證。在八百多年前，四平地域就有了文化創造的具體描述。金代中期遼東提刑官王寂在《遼東行部志》中，留下了吟詠韓州野生植物「雞兒花」的優美詩篇。葉赫後人、絕頂聰明的「國初第一詞人」納蘭性德，以他雋永的詩詞作品，享譽清代，流傳後世。清代末葉，奉化、懷德的詩詞文章冠甲一方，為四平地域播撒了文化的種子。時序更移，文壇遞嬗，在「二為」方向、「雙百」方針指引下的文化產品，更是佳作紛呈，不遜前人。

《長白花卉》系列作品

　　《長白花卉》是連續冊頁式的國畫作品，是高盛連先生經過二十多年的創作、提煉而成的嘔心之作。《長白花卉》集山水之靈氣，映日月之光輝，深得天地長白的精、氣、神，堪稱鮮有其匹的藝術精品。

　　早在一九六四年，高盛連先生奉命從四平調到吉林省藝術專科學校任教。時年五十多歲的他在授課之餘，讀書興致頗濃，廣泛涉獵典籍，並鑽研繪畫技巧。時任吉林省委宣傳部長的宋振庭與高先生私交甚篤，他勸高不必死讀書，應該走出書齋，親山近水，取法自然。在宋部長的勉勵和關照下，高先生請了創作假，從長春遠赴長白山林地開展寫生。他仔細觀察那些知名、不知名的野花，探求天然之美和表現技法，做了大量寫生習作，回來後經過加工形成具有濃郁長白山氣息的花卉百幅冊頁。十七年後的一九八一年，高先生在四平市群眾藝術館工作期間，他把這些冊頁再加工、修整，去香港等地舉辦了個人畫展，精湛的畫藝及其表現的長白山神韻引起了海內外藝術家的關注和稱道。一九八八年，《長白花卉》百幅冊頁被吉林省博物院收藏。

▲ 長白花卉之六十三（吉林省博物院收藏）

《松鶴迎春》及系列鶴畫

　　國畫《松鶴迎春》，被毛主席紀念堂收藏。作者鄧文欣積數十年國畫創作經驗，師法自然，獨闢蹊徑，在鶴畫上頗有建樹。他二十世紀八〇年代開始研習鶴畫，無數次奔赴鶴鄉，風餐露宿，與鶴為伴，積累了上萬幅寫生資料，總結出一套畫鶴的規律和技法，形成了自己獨特的藝術表現形式。幾十年的繪畫實踐，在對傳統技法的傳承和不斷創新的同時，吸納了西畫的光感、色彩和明暗結構，利用墨色特有的神奇變化而展現出作品的內涵和意境，有鮮明的時代特色和明確的主題傾向，逐步形成獨到的理論體系和藝術風格。

　　鄧文欣走出國門，弘揚民族藝術，多次率四平市人民政府文化代表團出訪日本、新加坡、馬來西亞、台灣等國家和地區，舉辦畫展、講學和文化交流。又赴美國、埃及、泰國、法國等國家舉辦個人畫展，進行藝術考察。他的鶴畫以簡潔的筆墨和優美的風格受到美術界和社會各界的青睞。為了表現鶴的精、氣、神，每年春秋兩季他都前往鶴鄉扎龍、向海等地，親身體驗鶴的生活習性，描摹鶴的形態，因而他的鶴作形神兼備，多件精品被國內外收藏家收藏。

▲　《松鶴迎春》（人民大會堂收藏）

《喋血四平》再現血與火的歷史

十二集電視連續劇《喋血四平》是由八一電影製片廠、長春電影製片廠、四平電視台聯合攝製的，在紀念四平解放四十五週年活動中，於一九九三年六月二十九日在四平市委五樓會議室舉行了首映式，省、市黨政軍負責人及四平各界代表到場觀看。《喋血四平》編劇王永興、高玲，

▲ 《喋血四平》劇照

文學顧問李政，導演宋業明，作曲楊希武，作詞孫廣深，製片主任張岱君。

▲ 永恆的祭奠——大型電視連續劇《喋血四平》劇照

《喋血四平》再現了一九四六至一九四八年四戰四平的歷史場面。驚心動魄的「四戰四平」，以其慘烈和悲壯，在人們心中激起久久的迴響；以其特殊的戰略意義，在中國人民解放戰爭史上留下不可磨滅的篇章。戰爭將人民投入血與火之中，戰爭的洗禮，使四平歷史變得更加豐富和厚重。

戰火硝煙的情境，有血有肉的人物，給人以震撼、激勵和啟迪。該劇在央視播出，並獲「五個一工程」獎提名獎、重大革命歷史題材劇目表彰獎、東北三省電視劇「金虎獎」。

電視劇《大雪無痕》激濁揚清

冰雪無痕，歲月有情，
嚴冬已經消失在霧散的群峰，
讓我們　守護好彼此的心靈，
為山河再播下一片蔥蘢。

這是獲得二○○一年第十九屆中國電視劇「金鷹獎」、第二十一屆全國電視劇「飛天獎」長篇電視劇一等獎，公安部、廣電部「金劍獎」一等獎，第八屆「五個一工程」獎最佳作品獎、最佳編劇獎、最受觀眾歡迎的歌曲獎、最受觀眾喜愛的男演員獎（任程偉）、最受觀眾喜愛的女演員獎（曹穎）等多項獎的《大雪無痕》主題歌的歌詞片段。

二十集電視劇《大雪無痕》由中央電視台、四平有線電視台聯合攝製，導演康寧、雷獻禾，編劇陸天明，主演任程偉、何政軍、曹穎、賈鳳森、杜源等。該片的出品人、總監製、總策劃均由四平市委宣傳部、四平電視台領導擔任，實際承擔此事的就是四平電視台著名導演、製片人張岱君。

《大雪無痕》是一部反腐題材電視劇。該劇關注了經濟社會轉型期的現實狀況，對各階層的生存狀態、人生境遇，圍繞國企轉制、職工下崗、官商勾結、權錢交易等矛盾糾葛，以平民視角，予以充分的揭示。在冬雪籠罩下的北方城市，用清冽、素潔和凝重的調子，昭示正與邪、清與濁、善與惡的鬥爭軌跡。該劇在央視黃金時段熱播伊始，即在廣大觀眾中產生強烈的反響，引起社會普遍關注。

▲ 製片人張岱君（右一）指揮拍攝現場

▲ 《大雪無痕》獲第19屆中國電視金鷹獎

▲ 《大雪無痕》獲第21屆全國電視劇飛天獎一等獎

▲ 《大雪無痕》獲第八屆「五個一工程」獎

大型動漫《七星傳奇》

二〇一一年六月八日，四平市原創大型三維動畫片《七星傳奇》在中央電視台晚十七時三十分「第一動畫樂園」欄目中首播。該片製作單位是四平年年文化傳媒有限公司，主創人郭勇。

《七星傳奇》是以四平區域歷史風俗、神話傳說、民間故事為題材的動畫片。動畫片以東北文化為依託，以四平七星山傳說為背景，描述了南斗七星與黑惡勢力作鬥爭的傳奇故事，凸顯了主人公維護正義與和平的英勇形象。該動畫片共五部七百集，登陸央視時前二十六集已製作完成。該片以「年豆」的故事線索，通過動畫情景、形象、概念的植入方式，在全國、全世界推介四平經濟、文化元素和品牌，以期擴大城市影響，帶動經濟增長。二〇一一年十二月，《七星傳奇》獲北京電影學院「第十屆動畫學院獎」，二〇一一年十一月榮獲第十屆長白山文藝獎作品獎（動畫片類獎）。

▲ 《七星傳奇》動漫宣傳畫

關注「三農」的精品力作《陽光路上》

　　二十五集電視連續劇《陽光路上》（原名《新金光大道》），是由四平市廣播電影電視局、上海劇酷傳媒公司、北京同樂機構合作拍攝的反映市場經濟條件下，農民自發建立合作組織、推動農村生產力發展的故事。滿懷抱負的柳春香衝破重重阻力，在人們懷疑的目光中創建了一個只有六家農戶參加的合作社，在喜淚交織中一步一步向前邁進。但讓柳春香時時感到頭痛的是她的丈夫楊樹根，有著農民式小狡黠的楊樹根，在柳春香辦合作社的過程中沒少發揮作用，但也鬧出了不少笑話。楊樹根私心太重，動不動背著柳春香收取別人的好處，柳春香決定改造楊樹根。在柳春香暗中幫助下，慢慢地楊樹根變了，那個曾經只把自己掛在嘴邊的人，開始處處為合作社著想，甚至大公無私到對柳春香也不講情面。

　　該片於二〇一一年六月十四日上午在梨樹縣十家堡鎮上三台村正式開機，其中柳春香等角色由幾位資深四平籍演員擔任。編劇張信係梨樹縣衛生局局長。二〇一二年一月十三日，《陽光路上》在中央電視台一套黃金時間播出。

▲ 電視劇《陽光路上》劇照

▎謳歌雪山公僕情的話劇《孔繁森》

▲ 話劇《孔繁森》劇照

話劇《孔繁森》（原名《雪山彩虹》），是四平市話劇團於一九九五年春創作完成的。這齣七場話劇是具有鮮明特色的主旋律作品，其中不少場面和細節感人肺腑，催人淚下，成功地表現了作為領導幹部的孔繁森的堅強黨性原則，作為當代人民公僕的無私奉獻精神，讓人們看到了一個極富個性、極富人情味又極具感染力的藝術形象，稱得起是一出振奮人心的好戲。在全市人民學習孔繁森的熱潮中，四平市委組織部、市文化局決定用藝術形式塑造孔繁森的形象，歌頌孔繁森全心全意為人民服務、為藏族人民造福的公僕情懷。

《孔繁森》編劇李桂仲，主演趙志勇、劉乃玲、遲紅梅。一九九五年六月十八日，省、市領導來團觀看首場演出，並將該劇定名《孔繁森》。六月二十三日，四平市《孔繁森》劇組應文化部之邀，專程赴北京匯報演出，六月二十五日在北京舉行新聞發布會，次日在北京工人俱樂部舉行首場演出。中央各大新聞媒體紛紛予以報導。在京演出十天後，《孔繁森》劇組南下赴各省、市巡迴演出四個月、二百場，觀眾超二十七萬人次。該劇榮獲第五屆長白山文藝獎。

吉林省人民政府
長白山文藝獎

獲獎證書

▲ 話劇《孔繁森》獲第五屆長白山文藝獎

獲長白山文藝獎的吉劇《罵鴨》

　　小吉劇《罵鴨》作者段崑崙。劇情為：主人公丟失了一隻鴨子，懷疑有人密藏而上街對鄰居吵罵，嫌犯現身辯駁，但立刻全身長滿了鴨毛，暴露了偷鴨人的真相。該劇諷刺了作惡而欲蓋彌彰的失德之人。

　　該劇是四平市戲劇創作室一級編劇段崑崙根據《聊齋誌異》中同名小說改編的。原小說只有一七三個字，其中四十九字是作者的議論。戲中一個人物是狡猾的偷鴨賊，一個是正直的中年婦女，在劇情中形成一旦一丑，並且賦予這兩個人物以新的性格。偷鴨賊一貫偷鴨，狡猾詭詐，反覆無常，是為三花臉，取名鴨二爺；中年婦女自食其力，卻大膽潑辣，得理不饒人，是為彩旦，取名為刁三娘。作者依這兩個人物性格去生發枝蔓，鋪陳劇情。此戲名曰「罵鴨」，就在「罵」字上做文章，以「罵」貫穿全戲。作者借鑑了二人轉《王婆罵雞》和揚州清曲《喬奶奶罵貓》的嬉笑咒罵之法，使罵詞聽起來十分風趣。弦外之音還是懲惡揚善，要走正道。

　　一九八五年九月，小吉劇《罵鴨》參加吉林省吉劇攻關調演獲二等獎，劇本在中國劇協刊物《劇本》上發表。一九八七年三月，《罵鴨》以其探索的立意和創新的形式，獲吉林省第一屆長白山文藝獎。一九九二年五月，在全國戲劇小品比賽中，《罵鴨》獲優秀作品獎，演出單位吉林省民間藝術團獲綜合演出一等獎。

▲ 《罵鴨》獲第一屆長白山文藝獎

▲ 《罵鴨》獲全國戲劇小品比賽優秀編劇獎

獲長白山文藝獎的二人轉《范仲華別母》

▲ 二人轉《范仲華別母》獲第四屆長白山文藝獎

二人轉《范仲華別母》，作者解濱生。

宋朝貧民范仲華討回一碗米粥敬獻母親。是時包公私訪至此，歷史真相大白，原來范仲華的母親是宮中一品夫人，受誣陷流落民間，被貧民范仲華救助供養，包公為她平反了冤案。該劇幽默深沉、情節感人，是二十世紀八〇年代文藝振興時期二人轉代表劇目。

一九九二年五月十六日，吉林省第十一屆二人轉新劇目評獎推廣會暨四平市首屆二人轉藝術節在四平開幕。由四平市戲劇創作員解濱生創作、伊通縣地方戲曲劇團演出的二人轉《范仲華別母》獲綜合演出一等獎、編劇一等獎。一九九三年一月在首屆全國二人轉觀摩演出中《范仲華別母》獲劇目一等獎、編劇一等獎。一九九四年五月，在吉林省第四屆長白山文藝獎評獎中，《范仲華別母》獲優秀作品獎。

獲長白山文藝獎的長詩《微塵》

　　于國華詩集《微塵》由時代文藝出版社出版，作品以多行長詩的方式，展示於大眾，謳歌自然，感悟人生，品讀歷史，雋永深沉，啟人悠思。

　　詩人於國華歷時三個月創作的長詩《微塵》被列入吉林省作家協會詩歌類唯一重點扶持項目。長詩《微塵》長達六〇六六行，為近年來吉林詩壇少有的鴻篇巨製，作品得到國內評論界的高度關注，是一部被譽為具備史詩傾向和人文品質的精緻之作。

　　長詩《微塵》分「玉米時代」「草原放歌」「大海戀情」「森林掠影」「松遼漫步」五個章節。整部作品氣勢宏大，把一段歷史微縮為獨特的人文景觀，是詩人本身對這個世界的有話可說，形成了文本上滿溢的人性關懷和對生活的敬意。

▲ 長詩集《微塵》

獲長白山文藝獎的長篇小說《碎石記》

▲ 小説《碎石記》

　　二〇一四年三月，歷時半年的吉林省長白山文藝獎評獎活動塵埃落定。四平作家張偉的長篇小說《碎石記》榮獲作品獎。

　　長篇小說《碎石記》是張偉東遼河歷史風情系列長篇小說之一，發表於《作家》雜誌二〇一三年第九期。作品一經問世，即引起文藝界關注。著名評論家朱晶評價該書是穿透東北鄉村百年文明結構的巨製，所揭示的「搭建、破壞、修補」，成為左右歷史走向的規則。

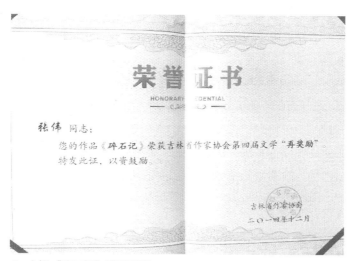

▲ 小説《碎石記》獲獎證書

詳解四平文化的系列志書、專著

　　以挖掘、整理、研究四平文化傳統和文化資源為己任，四平文化和社科部門的有識之士，多年來深入細緻地蒐集地方文化資料，深入民間徵集文化遺產，克服重重困難，做了大量艱苦細瑣的工作，經科學規劃，分門別類撰述，形成了充實完備的文化藝術研究典籍。

《四平戲曲志》

　　主編田子馥，主筆姜恩。由吉林省文化廳出版，二十萬字。該書詳述了四平地區戲曲源流、劇種、劇目、演出場所、戲曲人物、文物和演出習俗，具有體例完備、記述準確、考證精當的特點。

《四平市曲藝志》

　　主編陳殿華，主筆呂小兵。五十萬字。該書記述了四平地區曲藝的流入和發展變化，對四平特色文化蹦蹦、單鼓等解析頗詳。全書分為綜述、大事記、志略，含曲種、曲目、演出團體、演出場所、演出習俗、演出成果，特載了四

▲　《四平市曲藝志》

平市獲國家演出活動獎項的二人轉、小品名錄，特別記述了一〇四位曲藝人物的生平和成就，頗具研究價值。該書榮獲第十一屆長白山文藝獎作品獎。

《四平文化史略》

　　主編崔永剛，主筆張振海、李矛利。五十八萬字。該書系統地梳理了四平的社會歷史，從上古至當代的流變和發展，展示四平文化歷史的總體面貌，記述了四平文化發展階段，古代文化遺存，分述了遼、金、元、明、清、民國和社會主義時代的文化，少數民族文化，地方特色文化，現代文化建設。資料翔實，可資借鑑。

▲ 《四平文化史略》　　▲ 《單鼓藝術論》　　▲ 《薩滿靈課》

《中國民間故事全書吉林・四平卷》

　　主編陳明宏、韓昆輝，五十一萬字。該書收錄了四平地域的神話、傳說、故事、笑話共二一一個，是四平古今民間故事精華的總匯，體現了民俗性、民族性、地域性的特點。

　　此書榮獲第十屆長白山文藝獎作品獎。

《單鼓藝術論》

　　編著陳殿華、張振海，三十萬字。該書以論說體剖析了單鼓這種獨特的民族民間文藝形式產生、流傳和對各時代社會生活、精神文化的影響，具有較高的學術價值。

《薩滿靈課》

　　李罡、張振海挖掘整理，二十一萬字。該書是對薩滿文化深度研究的一部專著。全書通過解析薩滿六十四課，把薩滿教對自然宇宙物質世界、人的精神世界、人類社會相互關係的認識，古代占卜學與醫藥學、天文學、數學和文學的關聯，展示於世人，使當代人對神祕的薩滿初始文化有所感悟。

▲ 《中國民間故事全書吉林・四平卷》榮獲第十屆長白山文藝獎作品獎證書、獎盃

《關東情》等精品系列歌曲

▲ 歌曲《關東情》榮獲中國廣播新歌評比政府金獎
證書、獎盃

歌曲《關東情》作詞魯峰，作曲陳殿華，榮獲一九九〇年廣播電影電視部中國廣播新歌評比金獎。

歌曲《滿家阿哥也在變》作詞宋斌庭、作曲陳殿華，獲文化部第三屆中國文化藝術「群星獎」銀獎。

歌曲《滿族鄉的婚禮》 劉申五詞，陳殿華曲，獲二〇〇二年吉林省第八屆精神文明建設「五個一工程」優秀作品獎。

舞蹈《東北花鼓》 編舞王玉華，作曲陳殿華，一九九四年獲文化部第四屆中國文化藝術群星獎優秀獎。

▲ 歌曲《滿家阿哥也在變》獲獎證書及獎牌

▲ 歌曲《滿族鄉的婚禮》獎牌

▍蹦蹦

歷史上的蹦蹦，又稱「雙玩藝」「小秧歌」「過口」「雙條邊曲」「風柳」「春歌」「半班戲」「棒棒」「碰碰」「悠唱腔」「雙桃」「半桌子戲」等。因四平在清代屬於梨樹縣治下，光緒、宣統時期為奉化縣新恩社，民國時期為梨樹縣第二區，因此記到二人轉源頭的蹦蹦，還在梨樹。

二人轉在梨樹的初期演出活動，可以追溯到清代乾隆中葉，即一七六〇年前後。

▲ 大解放前蹦蹦演出劇照

關東蹦蹦（二人轉）這一民間歌舞於當時產生有兩個必備條件。第一人口密集，第二關內流民、商賈、官員、文士到東北來，帶來了蓮花落、什不閒及漢民族的民間歌舞──大秧歌。蹦蹦戲自一七八〇年前後在梨樹出現以後，至清咸豐初年（1850年左右）即從打板賣藝乞討發展到棄農從藝的職業蹦蹦藝人階段。到光緒二十六年（1900年）左右，奉化的周短子、吳三不但越唱越紅，其門徒耿鈕子（耿君）、馮球子和秧歌名手郭甲子（郭云甲）更把蹦蹦推向一個空前繁榮時期。尤其名丑耿君的演唱已使奉化蹦蹦表演藝術達到一個新的高峰，成為奉化縣二人轉發展史上一位承前啟後的人物。他的戲班少則七

▲ 民國初期藝人演出照

人，多則三十人左右。常演節目幾十個，他的拿手節目有《寒江關》《高成借嫂》《白蛇傳》等。他能在表演中把戲曲的刀槍把子、馬戲團裡的雜耍、大秧歌裡的「彩棒」等全用上。他的「走矮子」「打梢子棒」「單刀架」「耍脖套子」表演技藝都非常驚人。他的表演技藝哺育了奉化縣民國時期一代又一代的著名蹦蹦藝人，使奉化（梨樹）縣不僅是四平市蹦蹦戲的發源地，也使奉化進一步成為四平市蹦蹦戲活動的中心。兩縣蹦蹦不僅唱遍四平各縣，也常去「樓宇櫛比」「生聚繁庶」的長春府演唱。所唱節目多為《西廂》《藍橋》《開店》《清律》《綱鑑》《狠毒記》之類。到民國時期，有「八大戲班鬧梨樹」之說。這八大戲班是：岳永豐班、金鳳山班、李生班、洪國棟班、柴振海班、傅生班、畢永蓮班和孫家班，每班均有十幾人。還有每年隨秧歌隊走的四五人或五六人一夥的季節班。八大戲班中傅生班的聲譽最高，居八大戲班之首。

單鼓

從四平、雙遼、梨樹、伊通等地收集到的資料看，單鼓這種民間藝術形式，也被稱為「太平鼓」「陰陽戲」「跳家神」「跳叉馬」等，俗稱「燒香的」。

單鼓流行於東北農村和內蒙古自治區東部，關於太平鼓這種藝術形式的起源，四平市民間有三種說法。一說唐太宗東征大捷，百官摘御帶，脫官衣，以手擊節慶賀勝利；一說唐太宗東征亡者甚眾，為超度亡魂，必得找一妓女打單鼓歌舞亡魂才得超度，所以民間有種說法，妓女是單鼓手的老姨；一說大清建國之初，皇帝設御宴，命一女鼓手歌舞於席間助興，後流入民間遂成單鼓這一民間藝術。

姜殿奎、姜殿海兄弟是姜家單鼓班的第四代傳人。第一代藝

▲ 姜殿海（中）與單鼓培訓班學員合影（1979年攝於雙遼種羊場）

▲ 姜殿海單鼓舞台表演照（20世紀50年代）

人姜義約於一八四七年開始跳單鼓，到姜殿奎、姜殿海這第四代傳人時，哥哥姜殿奎，弟弟姜殿海哥倆仍都是單鼓藝人。一九五三年三月二十日姜氏兄弟一行四人代表東三省去北京參加全國民間音樂舞蹈會演大會，表演了姜家傳統單

鼓藝術，並進中南海為中央領導人作了匯報演出。毛主席稱讚演得好，並把太平鼓稱為「東北花鼓」，且獎給金瓷藍碗一個、紀念章一枚、筷子一雙。節目被評為一等獎。共演出三個傳統太平鼓節目：一是《闖營》，二是《幽英》，三是《觀山景》。

一九七七年五月，雙遼一帶恢復了太平鼓的演出，經挖掘、整理的太平鼓剔除了其中的糟粕，因而參加了全縣民間傳統節目會演。太平鼓傳人姜氏兄弟演出的新太平鼓《豐收樂》受到群眾歡迎。

子弟書

　　四平地面的子弟書演唱活動，當從清道光、咸豐年間開始。子弟書是滿族文化產品，興起於清乾隆初年，也稱「弦子書」「清音子弟書」，是一種在東北廣泛流傳的滿族民間鼓曲藝術。四平的滿族聚居地方，很多人通過先輩口傳、講述、抄本等，仍在欣賞這門高雅藝術，有些知識分子尚能背誦子弟書中著名的段子，也有據此改編劇本的。

　　子弟書是高雅的民間藝術精品。清乾隆後的一百多年裡，子弟書影響很大，它參照民間鼓曲的格式，用民間流行的韻腳「十三道大轍」，創作出這種類似古曲的民間藝術。它是八旗子弟創造的，作者包括文人、民間藝人，大多數為無名

▲ 解放前演出劇本

氏。後來也有貴族子弟參與寫作，提高了子弟書的藝術成就。

　　據伊通地方的一些人士講，子弟書的興起，受到「燒香」的單鼓很大影響。子弟書有「東城調」「西城調」之分，東城調高亢紅火，慷慨激昂，適於演唱英雄豪傑的故事，如《長阪坡》《洲西坡》《賣刀試刀》等。西城調纏綿悱惻，婉轉低回，適於演唱愛情故事，如《鵲橋密誓》《紅拂私奔》《遊園尋夢》等。

　　在伊通滿族自治縣、梨樹縣、四平市，仍能找到子弟書多種版本。這些版本的文字內容多取材於明清小說、雜劇、傳奇，但非簡單直觀的複述或照搬，而是選取情節，二度創作，字斟句酌，精雕細刻，相當於能說能唱、激情奔放的敘事詩，不失為民族民間文藝的瑰寶。

朝鮮族乞粒舞

▲ 乞粒舞

▲ 農樂舞

在四平市流行的朝鮮族乞粒舞有悠久的歷史，它源於祈求農業豐收的民俗活動，原是農樂舞的一種，隨著時代發展逐漸形成融自娛性和表演性為一體的舞蹈。

「乞粒」活動就是乞求米粒的活動。在貨幣還沒產生的時候，朝鮮族群眾以米代替貨幣，進行商品交換。「乞粒舞」的起源主要有兩種形式：一種是在朝鮮族聚居區域裡，每當要辦一件大事或搞一次大型活動，就要由村裡有地位的頭面人物牽頭，組織能歌善舞的人，穿上朝鮮族的民族服裝，擊鼓奏樂，到富戶人家或商號、店鋪的門前表演，請他們出來資助；另一種則是為了建造、修繕廟宇，廟裡和尚拿著銅錢，邊敲邊唸著經文，到各家各戶化緣。直到現在，乞粒舞的指揮者，手中也是拿鈸而舞。

乞粒舞是自娛性民間舞蹈，它不僅吸收了拔河比賽時「雙層舞」之精華，而且也把「乞粒」活動中的歌舞部分融於其中，從而形成獨特的表演形式。

它集象帽舞、長鼓舞、碟舞、雙層舞等多種舞蹈形式於一體，展現了很高的民族民間舞蹈傳承。

蒙古族民間說唱

烏力格爾，蒙古語，是蒙古說書之意。烏力格爾是蒙古族曲藝曲種之一。相傳烏力格爾起源於遼金時期，據說起初只是講唱民間傳說故事，後來說唱史詩和敘事詩，四平雙遼的那木蒙古族鄉也出現過烏力格爾的說唱藝人，到各地流動演出。

烏力格爾說唱演出形式，可分為三類：第一類全用散文體講述史詩故事和傳說故事，類似漢族的評書。講述時注重情節、人物和懸念，特別引人入勝。第二類以唱為主的韻文體或一唱到底，有少量的道白也是押韻的，多為說唱敘事詩故事。第三類是

▲ 烏力格爾

散韻相間，說唱結合，近似漢族的鼓曲說唱形式。三類形式各有特色。烏力格爾都由一人演出或一人自拉自唱。使用樂器伴奏，主要樂器是馬頭琴。蒙古說書採用第一類演出形式，講述故事時也使用樂器伴奏。主要是為了烘托、渲染氣氛和幫助掌握語言節奏。

烏力格爾的說白也有一定的音調和節奏，說起來朗朗上口，入耳動聽。曲調優美，極為豐富，都有固定的曲牌。傳說能有二千多個曲調，常用的有六七十個。如「燕丹公主」「小姐下樓」「將軍令」「仙人下山」「龍虎鬥」「黃連苦」等。

民間鼓樂（卡戲）

民間鼓樂在東北、在四平流傳久遠，以其強烈、壯美的音響效果，在百姓中留有極深印象。民間鼓樂在過去稱「鼓樂棚」「鼓樂班」，是民間婚喪嫁娶不可缺少、官府大慶必須經辦的音樂活動。四平市區各市、縣都有一批民間鼓吹樂的人才、技藝資源。

▲ 民間鼓樂（卡戲）

二十世紀八〇年代仍很活躍的藝人如公主嶺市南崴子鄉大榆樹村劉占富，伊通縣大孤山老藝人藏萬甲祖孫四代，四平呂坤班等，一直沒有停止鼓樂活動。劉占富將自家珍藏三代的北派民間嗩吶曲牌四八〇首獻給省民間器樂曲集成辦公室，成為寶貴研究資料。一九八六年四月，吉林省文化廳藝術集成辦來四平錄製民間鼓吹樂，在兒童公園搭台，四平多家鼓樂班二十餘名藝人登台演奏。

其後在伊通縣舉辦了民間吹鼓樂獻藝會，共有四十四人參加表演，大孤山鎮老藝人劉慶祥、顏世斌師徒二人吹奏的傳統曲目《破大車》獲特別獎。

一九九〇年一月伊通縣文化館舉辦「迎新春嗩吶大獎賽」，十二月舉辦「全縣首屆民間鼓吹樂鑑賞會」，一九九三年八月在吉林省關東熱鬧節對棚大賽中，伊通民樂手劉慶祥、孫敬波、吳雅範等九人吹奏的《慢四股八條龍》獲「十大鼓吹樂之首」稱號。

▲ 1986年4月，四平地區民間鼓樂藝人獻藝會開幕演出現場

一九九七年六月，伊通民樂手李寶忠獲「吉林省民間表演藝術家」稱號。一九九九年九月為迎國慶五十週年，伊通縣舉辦「普天同慶、嗩吶對棚大賽」，十支鼓吹樂隊一百餘人參賽。

▲ 1983年8月，著名劇作家王肯（前左）在省「關東熱鬧節」上接見四平市民間鼓吹樂演出團全體演奏員

▲ 1986年四平地區民間鼓吹樂藝人獻藝會演出照，時任市委領導在演出後上台接見民間藝人

▍大鼓

　　大鼓是廣泛流傳於東北地區的主要曲種。一度盛行於四平，東北大鼓最初的演唱形式是演唱者操小三弦自彈自唱，並在腿上綁縛「節子板」來擊節，也叫「弦子書」。清末民初有了女演員以後，自操鼓板擊節，由弦師伴奏，稱為「女大鼓」。早期以演唱中、長篇為主，清末出現女演員以後專唱短篇。東北大鼓有一套比較完整的基本唱腔，如四大口、四小口、慢板、扣調、切口等。並陸續吸收京劇、京韻大鼓和東北民歌的聲腔，曲調豐富，唱腔流暢，表現力較強。

　　四平市民間稱大鼓為「大鼓書」，稱演唱大鼓為「說大鼓書的」，又稱東北大鼓為「土大鼓」，是鼓書藝術的主要形式，散布於廣大農村鄉鎮，有深厚的群眾基礎。特別在伊通農村尤為盛行，直到二十世紀八〇年代仍有少數藝人在鄉間活動，進入九〇年代大鼓在全市各市縣基本絕跡。東北大鼓多在農村的逢年過節、「紅白」喜事喪事時演唱，且專有一套「紅白喜事」唱詞。農業合作化時期說大鼓書的尤多。

評書

▲ 大鼓評書

評書，在四平很流行。四平最著名的說書人有張清山、周桐晟、張臨富、李桐森、陳吉濤等。其中李桐森在四平影響較大。他一九一九年生，一九九〇年病故，在四平說書三十餘年，說書功底深，故事多，又因思想活躍，能編寫反映現實生活和革命英模事蹟的評書，而引起各級黨委宣傳部門的重視。

評書後起之秀孫一，從藝二十五年，深得老一代藝術家的真傳，加之自我刻苦探索與磨煉，有著紮實的評書基礎。尤其對其他藝術門類的涉足，使他的評書藝術無論是在語言功力，還是在表演功力等方面，不僅具有紮實的功底，同時富有強烈的、個性化的藝術特色。在一九九〇年，他就錄製了電視評書《童林傳》（180 集）、《血滴子》（120 集）等古典電視評書，先後在全國七〇餘家省、市級電視台播出。很快，他就成為那個時代北方電視螢屏上一顆耀眼的新星。而後，孫一又創作、錄製了以關東胡匪系列人物為題材的電視評書《蝴蝶迷》《座山雕》《許大馬棒》等多部現代、傳奇電視評書，在全國一四〇多個省、市電視台播出後引起了極大的轟動。二〇〇五年，孫一的《二戰十大經典戰役》在全國範圍內熱播，獲得好評。二〇〇六年，孫一在北京交通廣播主持的「路上的事」，首次將評書融入交通廣播，在首都聽眾中引起廣泛好評。

農民畫

　　農民畫又稱現代民間繪畫。二十世紀七〇年代初，四平地區文化局派孫喜田、方井龍等深入梨樹縣農村，對河山鄉等地的農民作者加以指導和適當組織，培養了第一批農民畫作者。這支隊伍，走「以地域特色為根基，以遼河文化為養分，以農村生活為源泉」的創作之路。他們的民間繪畫題材鮮活，形象質樸，色彩明快，結構飽滿，氣韻生動，表現出濃郁的北國風情和民俗色彩。在地區文化局、縣文化局和縣文化館的扶持下，河山農民畫在崛起。

　　從一九七四年起，梨樹縣河山公社以文化站長焦正午為首，作者焦鐵軍、李有生、柴仁、張繼元、張淑坤、焦鳳英等，均創作大量農民畫作品。一九八四年河山鄉農民畫被文化部選送加拿大、日本展出。一九八五年至一九九九年，多次參加全國農民畫展覽和吉林省農民畫展覽，並赴加拿大、日本等國展出，產生了國際影響。

　　一九八九年美國駐瀋陽領事館總領事陶醒龍、加拿大民間藝術教授羅傑·李來梨樹縣專程考察農民畫。二〇〇五年至二〇一二年仍然活躍在畫壇上的梨樹縣農民畫作者有張繼元、柴守志、柴仁、李有生、焦鐵軍、鮑永春、焦月英、錢紅滿、何穎、楊樹有、孫繼庭、李乃文等。梨樹縣於一九九一年被文化部命名為「全國農民畫之鄉」。

▲ 河山農民畫　　　　　　　　　　▲ 四平市的農民畫《新農村》

▍民間剪紙

▲ 套色剪紙

　　四平市剪紙流傳民間，歷史悠久，作者多為女性。為求吉祥太平，逢年過節時或將「群猴獻壽」「葫蘆」「福」「金魚」等剪紙貼於門、窗、牆壁上，或將「紫氣東來」「萬象更新」「年年有餘」等吉利語剪成「掛旗」懸貼。姑娘出嫁時又常將「對龍鳳」「對鴛鴦」「蝶戀花」等剪成門花、窗花、壁花點綴新房。四平地區歷屆美展中，剪紙作品一直占有一席之地。四平市李壽妤、李樸兩位老人剪紙很有名氣，李壽妤的剪紙《松鶴延年》曾發表於工人日報。懷德縣自建國後舉辦過八次剪紙展覽，梨樹縣剪紙名家吳述寶從藝三十餘年，發表作品近百件。河山鄉張淑坤是剪紙高產作者，有六件剪紙在北京展出。二十一世紀以來公主嶺八屋鄉教師孫麗榮、陳淑雲、閆雪玲，雙遼市王連玉等均在剪紙上開拓創新，頗有建樹，在全國各類剪紙展覽中獲獎奪盃，為四平剪紙藝術爭得一席之地。以吉林師範大學中文系李秀雲教授為代表的校園剪紙，張揚科學、理性的剪紙藝術，

別具一番風韻。

▲ 民間剪紙

秫秸皮畫

　　秫秸皮畫是公主嶺市懷德鎮文化站長徐東發獨創的民間藝術。徐東發於
一九八〇年開始創作秫秸皮畫，先後創作了鷹、龍、鳳、鶴、蝦、公雞、梅花
鹿等秫秸皮畫二百多幅，受到人們的青睞。懷德鎮已將這項民間藝術申報非物
質文化遺產項目。

　　徐東發利用關東特有的優質高粱桿，依其外皮自然紋理和色澤加工、拼
貼，既符合自然形態，又遵循繪畫原理，作品栩栩如生、形象逼真、富於美
感。徐東發於一九八九年被吉林省文化廳命名為「民間藝術家」。作品參展四
平市二人轉藝術節、吉林省「關東熱鬧節」等，多次獲獎。

　　現年七十四歲的徐東發不善言談，愛好書畫，尤其擅長隸書、行草書和水
墨畫。他創作的國畫《荷》和行草作品「藝業聯誼，傳世奇功」於一九九六年
一月被收入《世界當代著名書畫家真跡博覽大典》一書中。先後被授予「世界
書畫藝術名人」「四平市文化名人」「民間藝術家」稱號。此外，徐東發還培
養書畫學員上百名。懷德鎮文化站曾被文化部評為全國先進文化站。

▲ 秫秸皮畫

雕刻

　　雕刻（塑）民間工藝在四平傳承彌久，舊時代的官衙、廟宇、樓閣亭台均廣採雕刻形式，為官民所普遍接受。四平民間雕刻藝人孫文禮鑽研石雕、貝雕、牙雕、玉雕、木雕工藝，他創作的爐、瓶、鼎、熏、人、獸、山水、花鳥、文房用具廣為流傳，深受民眾及收藏者喜愛。代表作品有「九華塔」「十二龍套印」等。作品外銷二十多個國家地區，十件入選中國工藝美術館。二〇〇七年孫文禮獲「四平文化名人」稱號，又被評為「吉林省工藝美術優秀人才」。

　　孫文禮一九五二年出生於公主嶺市環嶺鄉農民家庭，從小就熱愛雕刻藝術。但家庭貧困，他僅能臨摹家裡牆壁上貼的年畫學畫畫。讀小學時，沒有學畫資料，常到公主嶺書店買小人書回來畫圖，後來用老師的粉筆頭和筷子頭學刻各種簡易圖形。出校門參加勞動以後也從未間斷鑽研工藝，在借來的康熙字典中研習篆字。農活之餘，刀不離手，以刀代筆。「學痴者文必工，藝痴者技必良。」孫文禮的雕刻和篆刻作品日臻成熟。

▲ 工藝美術家趙華成的浮雕作品《相伴》

「一塊石頭能否雕成好作品，除了品相之外，還要有獨具匠心的構思。」孫文禮常常對著一塊石料反覆琢磨，精心設計，力爭讓每件雕刻作品的造型與顏色達到自然完美的藝術效果。在創作實踐中，他摸熟了石頭的石性，「量石裁衣」，因料施藝，依色雕物，精雕細刻，憑著自己豐富的想像力和精湛的雕刻技藝，將一塊塊石頭變成栩栩如生的石雕藝術品。

　　四平根雕作者、作品亦頗有影響。作者周建新，一九八八年開始根雕藝術創作，二十六年來成功作品已有百餘件。他的根雕作品師法自然，妙趣天成，體現了人與自然的和諧之美。

工藝葫蘆

▲ 工藝葫蘆

早在近一萬年前，我們的這片古老土地上，就已經生長著葫蘆植物。據浙江河姆渡原始社會遺址中的考古發掘，在七千多年前，我們的先人已種植葫蘆。甲骨文中已有「壺」字，用葫蘆作為盛水的用具要早於陶器和青銅器。近年來工藝葫蘆盛行，就是人們傳承「葫蘆文化」，提升葫蘆品位，從葫蘆中發現美、提煉美的大膽嘗試。

工藝葫蘆就是對天然的葫蘆進行藝術加工製作，依照葫蘆形狀之差異，先採取物理、化學的方法加以處理，再於其上施以彩繪、雕刻、烙畫、烙字等，形成光鮮持久、古樸典雅、防水防風的藝術佳品，頗具觀賞價值和收藏價值。四平有一批工藝葫蘆創作高手。侯景偉的火烙葫蘆、雕刻葫蘆、紙塑葫蘆、造型葫蘆、葫蘆擺件掛件等，工藝性、觀賞性俱佳。于金聲的葫蘆作品，參加過北方十省旅遊交流會展覽。

▲ 民間工藝葫蘆雕刻家

葉赫沙書

沙書，顧名思義，就是用沙子在地上或布匹上寫字的民間技藝表演。其法，是用手撮細沙或石粉揮灑成字，能表現出一定的風格、功力者為佳。宋代有沙書改字，沙書改畫的記載。宋孟元老《東京夢華錄・元宵》：「其餘賣藥、賣卦、沙書、地謎，奇巧百端，日新耳目。」宋周密《武林舊事・諸色伎藝人》：「沙書：余道、姚遇仙、李三郎。」宋代還有「地謎」「商謎」，也是在地上用沙子書寫。岳飛小時候在沙地上練字是家喻戶曉的故事。

現代沙書是指在地面、布或硬板上用細沙作字的藝術，沙書藝術關鍵在「寫字人」對手中沙子的把握控制，心中有法矩，手下自成形。四平市鐵東區葉赫滿族鎮的楊勤就是頗有造詣的沙書藝人。楊勤現年七十二歲。他一九六四年高中畢業後回家務農，在田間勞動休息時，便隨手抓起沙土，往地上撒字練習書法，久而久之，漸成習慣。到一九九六年，他的沙書趨於成熟。一九九六年三月被葉赫那拉旅遊區聘用，專門為來葉赫旅遊觀光的遊客表演沙書，受到遠近遊人一致讚賞。

楊勤的沙書藝術已在省內外小有名氣，並加入四平市硬筆書法協會任理事。一九九七年楊勤被駐軍八一三七部隊教導隊聘為書法輔導員，一九九九年加入「中華當代民間名人藝術家協會」。二〇〇七年三月，他被授予「四平文化名人」稱號。多次在慶典活動、藝術交流活動作現場沙書表演。四平電視台錄製了《沙書無痕》專題片，在省、市電視台多次播放。二〇一一年六月二十六日，中央電視台「歡

▲ 楊勤老人在給遊客表演沙書

樂中國行」欄目組邀請楊勤赴北京參加了「歡樂中國行・魅力四平」節目拍攝，在節目現場做了沙書表演。二〇一一年中國・葉赫滿族民俗旅遊節開幕式暨金星之夜・葉赫風情大型文藝晚會上，沙書表演令人叫絕。用沙子在紅布鋪地上寫字，書法流暢自如，讓人大飽眼福。

二〇一二年十一月二十八日，為吉林衛視「農村俱樂部」節目表演沙書。如今，楊勤加強了沙書工藝製作，已能把沙書作品裝裱成框，隨時能讓遊客帶走，初具了產業化價值。

▲ 楊勤老人在「2011中國・葉赫滿族民俗旅遊節開幕式暨金星之夜・葉赫風情大型文藝晚會」上作沙書表演

美食絕活——李連貴燻肉大餅

　　中華民族傳統飲食，源遠流長，歷史悠久，博大精深，具有百餘年歷史的「李連貴燻肉大餅」歷經滄桑，長盛不衰，延續至今，更放異彩。它是科學與傳統的和諧統一，風味與營養的完美結合，在繼承、改進、發展、創新的基礎上，已逐步形成了自己獨特風味的系列食品，備受消費者的青睞。「李連貴燻肉大餅」是用「李連貴」的名字註冊的四平最著名的地方風味食品。

　　「李連貴燻肉大餅」的來歷要追溯到一九〇七年。那一年仲夏，河北灤縣十多天連降暴雨，肆虐的洪水像脫韁的野馬，淹沒了農田，吞沒了村莊。為了生路，李連貴決定離開生他、養他的故鄉，投奔遠在東北梨樹街的二舅。他帶領四個弟弟，攙扶老母，來東北尋親。第二年初冬到了梨樹，在二舅和鄉親們的資助下，李連貴在買賣街（今梨樹鎮）租了兩間草房，開了一個「興盛厚」生肉店，後兼營熟肉、吊爐大餅、叉火燒等。由於李連貴熱心、勤快、辦事認真、乾淨利落，對鄉親們又和氣，深受鄉親們的喜愛。鄉親們都把小店當成歇腳的地方，時常聚到這裡，天南海北地嘮家常，來光顧的人多了，小店的生意也日漸紅火。

▲ 李連貴燻肉大餅

有一天，天剛濛濛亮，李連貴就早早起來忙著店裡的事情。忽然，他聽到道門外一陣急促哨聲，劃破了買賣街的沉寂。出門一望，梨樹一區的區官劉漢文帶領幾個警察和便衣偵緝，挨家挨戶地搜查逃兵。他們還在城

裡顯眼的地方張貼「通緝令」，所到之處雞飛狗跳。霧氣裡，他看見一個小女孩領著一位雙目失明的老人在街上行走，兩個警察正好與他們相遇。其中一個尖嘴猴腮的警察看見小姑娘雖然衣衫襤褸，但身段苗條，姿容俊秀，頓生邪念，藉機上前調戲小女孩，小女孩嚇得大聲哭叫。老人見此情景急了，厲聲罵道：「畜生！你們想幹什麼！」不想惹惱了警察，把老人打得遍體鱗傷，滿身都是血，昏厥過去，警察見勢不妙，趕緊溜走。

李連貴急忙趕了過去，看到小姑娘正趴在老人身上大哭，老人已奄奄一息。李連貴趕緊招呼哥兒幾個把老人抬回家中。包紮傷口，煎湯熬藥，守護在老人身邊精心照看。翌日清晨，老人才從昏迷中漸漸清醒過來，知道是李連貴救了自己和小孫女，感動得淚流滿面。李連貴勸說老人要安心養傷，並像對自己親人一樣與老人嘮了家常。

一晃一個月過去了，老人傷已痊癒，臨別時依戀不捨，並說出自己的身

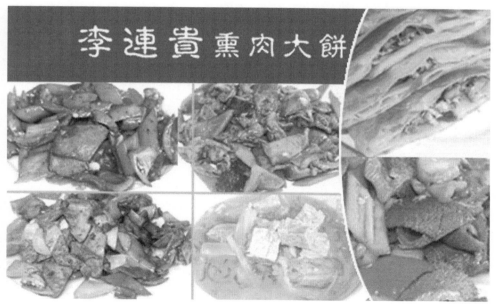

▲ 李連貴燻肉大餅

世。他說：「我叫高品芝，在瀋陽開了家中藥鋪，沒想到在這裡遇到貴人，才大難不死。」於是再三感謝李連貴。停了一會兒，又說：「你心地善良，你的恩德，我和孫女一輩子也忘不了。今兒個要走了，沒什麼可答謝你的，只有祖上留下的燻肉秘方送給你，日後肯定會派上大用場。」

送走老人後，李連貴忙叫二弟李廣思按照老人的秘方分別從天德堂口、益興泰、德慶亨、廣增玉等幾個中藥鋪，抓來所需的藥料。起早貪黑，用秘方進行煮肉燻肉，忙個不停。經過李連貴多次燻煮，潛心研究，終於研製出風味獨特、幽香無窮的燻肉來。李連貴製作出的燻肉色澤棕紅，皮肉剔透，肥而不膩，瘦而不柴，香味悠長。

燻肉成功了，李連貴沒有就此滿足，後來他又用燻肉的老湯和老湯油製作出風味獨特的烙餅，大餅為七層，層層分離，層薄似紙，可透視字跡。如果以餅夾肉，回鍋再烙，則肉香浸入餅內，餅酥肉美，幽香四溢。由此，「李連貴燻肉大餅」備受食客青睞，譽滿東北。李連貴病故後，其子李堯繼承父業，他於一九四〇年帶著秘方從梨樹遷入四平，辦起「四平李連貴燻肉大餅鋪」。從此，「李連貴燻肉大餅」在四平紮根落戶，經過幾代人的努力，成為「四平名小吃」，深受海內外人們的喜愛。

黨和國家領導人鄧小平、陳雲等視察四平時，都品嚐過「李連貴燻肉大餅」並給予很高評價。李連貴燻肉大餅的主要技師王秀清曾光榮地出席了全國工商業者和女工商業者代表大會，受到了中央領導的接見，併合影留念。一九五九年李堯應邀到北京參觀十大建築，在京期間進行了「李連貴燻肉大餅」的技藝表演，中央領導給予很高評價。四平以「李連貴」著名品牌為優勢，建立連鎖店一百四十家，遍布二十二個省、市、區。在不斷擴大「李連貴」品牌在全國知名度的同時，四平「李連貴」還以獨特的魅力邁出國門，自籌資金在日本、美國、俄羅斯、德國、法國、中國香港六個國家和地區進行了國際商標註冊。

第六章

文化風俗

　　早在隋、唐、宋、遼、金時代，四平地域已形成多彩多姿的民俗，並且一直延續傳承下來。民俗文化哺育了一代又一代的四平人，他們或學富五車、鐘鳴鼎食，或躬耕隴畝、漁樵江上，哪一個不沉醉於民俗之中，哪一個能游離於民俗之外？民俗就是一方水土，一方人脈，一方親情，一方文化風俗，一方文藝樣式和表現風格。

葉赫滿族的婚俗

　　定情、結婚是人生大事。不同的民族，不同的地域，結婚的方式也充滿著文化色彩的差異。其中每一項講究，都代表著人們追求和嚮往的一種理念。四百多年來，滿族獨特的婚俗仍沿襲至今。據《伊通滿族自治縣志》記載，昔日的葉赫等地滿族人家有早婚之習（葉赫舊屬伊通縣管轄），滿族青年男女到十五六或十七八歲，便由父母做主為其擇偶。擇偶的標準首先是門當戶對；其次才是人品、容貌、勤惰等。男女訂婚，首先是「望門戶」，如雙方父母基本滿意，男方還邀請算命先生合婚，看命相是否相剋。按迷信的說法是：金雞怕玉犬、白馬怕青牛、蛇虎如刀剉、雞猴不到頭、羊鼠一旦休、龍兔淚交流。

　　雙方如無異點便進行小定，即「過小禮」，正式訂婚。大定是在婚前一兩個月進行，即「過大禮」。男方將女方索要之聘禮——豬、羊、酒、布帛、金銀首飾、錢幣等一一送到女方家中。過大禮時，男方要將聘禮放在女方家祖宗板前神案上，兩親家跪拜，斟酒互遞蘸祭，俗稱「換盅」。這一儀式後，即可預定結婚日期。

　　娶親，男方為迎親，喜車披紅，左右搭掛兩塊銅鏡，意在照妖。新郎披紅戴花，騎馬，由伴郎相陪，一對紅燈前導，銅鑼開道，鼓樂喧天；女方為送親，新娘由送親婆和親友相陪，車拉嫁妝。途中兩車相遇時，車轅相靠，新娘由兄長抱至迎親喜車上，謂之「插車」。

　　喜車進院時，新郎要向喜車虛射三

▲ 花轎

▲ 迎親

▲ 射三箭

▲ 挑蓋頭

箭，意在驅邪。新娘下車後，要隨新郎邁火盆、過馬鞍、踏紅氈，步入院中臨時搭建的帳篷，新郎用秤桿挑下新娘頭上的蓋頭，對坐，各飲三盅酒，此舉稱「坐帳」。民國後已取消帳篷，改在拜天地後於新房炕上「坐帳」。

拜天地，是男女結婚最重要的環節。院中設一供桌，擺上香燭、供品。由族長穆坤達或薩滿主持。新郎新娘跪拜南天門，或拜北斗，有的女方立而不拜。主持人高唱「阿察布密」歌，祈天地神靈保佑夫妻長壽，子孫繁衍，共享富貴。唱完一段，割一片肉拋向空中，向地酹一盅酒。

拜完天地，新郎前行，新娘肩搭兩串銅錢，懷抱寶瓶，腳踏紅氈，跨過門檻的馬鞍，進入洞房。新娘要腳蹬高粱袋子上炕，意為步步登高。新娘在炕上「坐福」。娶送親婆們要為新娘開臉、上頭。夫妻對飲交杯酒，吃長壽麵。

第二天早起，新郎、新娘向祖宗行叩拜禮後，向族中長輩及兄嫂等一一叩拜，稱「分大小」，或「分輩數」（後改叩拜為請安、裝煙）。之後，新娘要把娘家陪嫁的箱櫃打開，讓家人及親屬觀賞自己的嫁妝和針線活。同時，將婚前專為公婆、兄嫂、弟妹等縫製的鞋襪分送給他們，此謂「散箱」。

第三天或第四天，新郎新娘要帶上禮物（一小包高粱、酒、蔥、粉條等）回娘家，此舉稱「回門」。

滿漢婚俗經過長期交融，滿族固有的「轎車」「射箭驅邪」「坐帳」「秤桿揭蓋頭」等習俗漸漸廢棄，形成具有地方特色的滿漢共有的婚嫁習俗。新中國成立後，隨著舊婚姻制度的廢除，舊的婚俗也逐漸消失。

葉赫滿族的日常習俗

尊老敬上是滿族的傳統美德。平日早晚，晚輩必須給老人請安，與長者同行只能緊隨其後；進門時要搶先一步為長者開門，請長者先進；長者未坐不得先坐；長者談話，不得插話；長者外出，晚輩要送出大門外；遠行歸來要迎出門外，請安；年輕人外出歸來要先向父母、兄嫂請安後再回房中；晚間長輩不睡，晚輩不能先睡。吃飯時，長者上坐，長者未伸筷晚輩不能先吃；長者不離席，晚輩不能先走。

兒媳每天黎明起床，首先要為公婆倒尿盆、裝菸、打洗臉水。一日三餐兒媳要站著伺候，碗筷必須擺正，餐後還要遞上漱口水。新媳婦不能在炕上吃飯，在公婆面前不能穿短衣，更不能赤臂露腳。不管年紀多大，在公婆面前，總要畢恭畢敬，百依百順。

滿族施禮，根據尊卑、長幼、親疏，有鞠躬禮、執手禮、打千禮、抱拳禮、抱腰貼面禮和叩頭禮等。鞠躬、執手、打千和抱拳是平日見面禮。鞠躬，常為一鞠躬，重則三鞠躬。執手禮，雙方執右手，虛而不攏，似今之握手。打千禮，男女有別，男子行打千禮，先左腳前移半步，右膝前屈，左手手心向下，垂於左膝蓋上，右足後引屈膝，同時右手下垂，身稍前俯；女子行打千禮時，上身挺直，兩腿併攏，右足稍後引，兩膝前屈，呈半蹲狀，同時左手在下，右手在上，相疊搭在兩膝蓋上。抱拳禮，為男子施用之禮，即兩手相抱置於胸前，以示歡迎、感謝或道歉之意。

抱腰貼面禮是滿族大禮，多用於故舊、親朋多年未見或親家初見時。兩人相迎，先互相碰左肩，再碰右肩，接著以右手抱對方腰，左手撫背，交額貼面，之後抓手問安。叩頭禮是晚輩對長輩、奴對主、下對上所行之大禮。有三拜九叩和一拜三叩之分。新中國建立後，僅存鞠躬、握手禮，抱腰貼面禮演變成擁抱。

滿漢互通的年俗

　　四平市是一個多民族的地區，在三四○萬人口中，除漢族外，還有占人口總數百分之八點四的滿族、蒙古族、回族、朝鮮族等多個少數民族。其中，滿族是人口最多影響也較大的少數民族。四平當地的習俗主要是漢族和滿族民俗交融的產物。漢族的年俗已被滿族人接受，而滿族人過年的習俗也為漢族人所喜愛。

　　農曆臘盡正初時節，走進四平市這個多民族聚居的地區，你會感受到這裡過大年的習俗，形式各異，別具特色。這並不奇怪，和當地的民族構成以及文化融合密切相關。

　　一進農曆臘月門，農村人就開始為過年忙活起來，其中殺年豬是重要一項。很多人家在殺年豬時都要請客，邀來左鄰右舍和親朋好友吃上一頓「全豬宴」，喝著純糧釀造的「老白乾」。品嚐著血腸、白肉燴酸菜，那才叫夠味兒。吃好喝好之後，熱情的主人還會把灌好的血腸分給客人帶回家，給沒來的老人嘗一嘗。剩下的豬肉和頭蹄下水則要用冰塊鎮起來，以備過年期間食用。緊接著，家家戶戶開始忙年了。正如民間所說：「二十三祭灶神，二十四寫大字，二十五掃塵土，二十六　豬肉，二十七殺年雞，二十八把麵發，二十九貼倒酉（意即貼春聯），三十夜守一宿。」成了四平人過年的約定俗成。

　　農曆臘月二十三，就算年到了，這一天按照老規矩要「祭灶」。所謂祭灶，其實倒也簡單，把煮好的餃子放在供灶王爺的板兒上，焚上香，然後邊拜邊念叨：「今兒個二十三，灶王老爺要升天，上天言好事，下界保平安。」然後，把舊的灶王爺像連同扎的馬、雞等用火化掉，再把新的灶王爺像放在板兒上，等到年三十時再供起來。人們管這一天叫「過小年」。

　　漢族和滿族在大年的餐桌上，菜要成雙，不許出單，四、六、八碟，必須有魚和雞，取龍鳳呈祥，有餘吉慶之意。為圖吉利說話做事有許多禁忌，比如

▲ 擺供、祭祖

打碎了碗碟不能說「打了」，要說「歲歲平安」；爆竹沒響不能說「臭了」，要說「平平靜靜」；餃子煮破了不能說「破了」，要說「掙了」。無論社會怎樣發展，這些習俗基本沒有改變。

臘月二十四到二十九這幾天，大多數人家已經開始置辦年貨，忙著寫對聯、殺雞、發麵、掃房等。在四平滿漢民族家庭中，許多人家都提前製作一些冷凍食品，如蒸黃米麵黏豆包、白麵豆沙包、饅頭之類，然後放在室外冷凍保存，為的是把時間留出來，好在過年期間玩樂和訪親會友。當然也有今年東西沒吃完，來年接著吃，年年有餘之寓意。人們把這些活動稱為「忙年」。

到了臘月三十的早上，全家老小的衣服從裡到外都要煥然一新，然後便開始張貼對聯、福字，掛燈籠，準備年夜飯，按昔日滿族八旗的習慣，還要分別貼紅、黃、藍、綠色的掛錢，互贈繡有「歲歲平安」的荷包。

滿族人家臘月三十的早上要擺供、祭祖。不常打開的祖宗龕，中午打開。把擦得鋥亮的錫製供器擺上五件，擺上兩擺饅頭，一擺五個，豬頭擺在正中間，豬鼻孔插上大蔥，還有乾飯五碗。供菜更有特點：第一碗是煮熟的「豬肉方子」，第二碗是過油鯉魚，第三碗是炸粉花，第四碗是素菜大蔥，第五碗是豆腐方塊。供方子肉為四時吉慶；供魚為吉慶有餘；供粉花是保佑後輩發家；供大蔥要剪去蔥根，紮成一把，標誌著本家後輩聰明伶俐，光宗耀祖。

除夕夜（就是三十夜），要接神，接神後在大門口放一橫木以阻擋鬼魅進來。除夕也掛門神，以驅邪避鬼，這是漢族民俗。門神約分為「將軍門神」「福祿門神」「盼子門神」「娃娃門神」等。除夕夜要分發「神紙」，辭歲燃放鞭炮，其後，晚輩男子要到族內各家「辭歲」。

除夕子夜，家家吃餃子，還要把一枚銅錢暗放餃子中，家人吃到銅錢餃子者則「終歲大吉」。

正月初一早晨，開門大吉，先放爆竹，叫作「開門炮仗」。爆竹放後，碎紅滿地，燦若雲錦，稱為「滿堂紅」。這時滿庭瑞氣，喜氣洋洋。家家互相拜年，恭賀新春。按照老年人的說法，正月初一、初二這兩天是不能往外倒水倒垃圾的，意思是為了防止財源外流。不過按舊俗滿族婦女要等到初六，才可以出門拜年。

正月初三，把年節時插的松柏枝及所掛門神等一併焚化，以示年已過完，又要開始營生。俗諺有「燒了門神紙，個人尋生理」。民間以正月初三為穀子生日，這一天祝祭祈年，且禁食米飯。初三早晨，家家吃餃子。正月初五，俗稱「破五」，也要包餃子捏「破」。晚上送神，卷家譜，撤供。

到了正月初六，商家、作坊開市。

正月十五是元宵節，又稱燈節。家家除吃元宵、掛綵燈外，有的人家還有製作冰燈、堆雪人的雅趣。

正月廿五，為添倉節，家家在院心用小灰撒成圓圈，中間劃十字，在正中心撒上五穀糧，祈求「糧食滿倉」。

二月二，這一天是「龍抬頭」。按習俗，在正月裡不剃頭，大都等到二月二這天才剃頭。滿族人還有「領龍」的習俗，用草木灰從水缸一直撒到井旁，灰道彎曲如龍，然後在院中舉行祭祀，以求一年風調雨順。年前臘月殺的豬，三十祭祖用的豬頭，過了新年初六，將豬頭放到「哈什里」（倉庫），這個豬頭一直放到二月二才吃，此舉稱為「龍抬頭」。這個習慣至今還很盛行。

滿族婦女兒童遊戲

　　做遊戲，玩玩具是孩子們的天性。早些年沒有現在的洋娃娃、遊戲機、電腦等可供孩子們玩的東西，那時候滿族的孩子就玩一些像嘎拉哈、翻繩兒、踢毽子、彈玻璃球之類的東西。

嘎拉哈

　　是滿語，就是獸類腿骨和脛連接的那塊骨頭，把它蒸煮刮淨，塗上自己喜歡的顏色，叫「子兒」。「嘎拉哈」的四個大面分別叫「珍兒」「倫兒」「坑兒」「背兒」。在過去，每年的農曆正月初一到十五，女人們不准做針線活，閒著沒事就到各家串

▲ 歘嘎拉哈

門，結夥玩「嘎拉哈」。玩法很多，有「彈子兒」「數子兒」「摸珍兒」。比如「摸珍兒」的玩法，在扔起一個用幾枚古錢幣（俗稱「大錢」）串在一起的小「錢幣」（一般都用四個）「嘎拉哈」擺成「珍兒」，在錢串落地前接住。所有「子兒」都成「珍兒」後，再繼續擺成「倫兒」「坑兒」「背兒」，先完成者為勝。

翻繩

　　遊戲多半是幾個女孩子坐在火炕上，用線繩結成繩套，套在手指上，可以結成各種各樣的花樣。另一人用雙手接過去，翻成另一種花樣，如此反覆交替進行，變化無窮，如翻成船形、麵條形等，直到一方翻不出花樣為輸。

打瓦

　　則是男孩子的活動，不受季節影響。玩時把瓦片立成一排，在距離四米處畫道線。幾個孩子玩，把一瓦片放到頭頂上，往前走，走到立瓦處，一低頭，

讓頭上的瓦片掉下來,把地上的立瓦片砸倒為勝出。「扔坑兒」多數是男孩子玩。這種遊戲的玩法是,在地上挖兩個「坑兒」,相距十米左右遠,用「鉛坨」往坑上扔,如一方扔到坑上,另一方沒扔到,則扔到者為勝,都沒扔到則距「坑兒」近者為勝。

老鷹捉小雞

是一人扮作「老鷹」,一人扮作「雞媽媽」,其餘的人都是「小雞」。「小雞」依次排在「雞媽媽」身後,每人扯著前一個人的後衣襟。扮「老鷹」的要想辦法抓住「小雞」,「雞媽媽」則要想辦法護著「小雞」。被「老鷹」抓走的「小雞」要貓腰背手走一圈,然後站到一旁觀看。反覆多次,直到「老鷹」把所有的「小雞」抓完為止。

▲ 翻繩

搶機靈

也叫「跑馬城」,是在空場上把參加遊戲的孩子們分成兩隊,各占成一橫排,間隔十幾步遠站好,叫作「對陣」。遊戲開始,由一方的孩子們高聲「叫陣」:「跑馬城,馬城開,打發小姐送信來。」另一方應戰:「要哪位?」「叫陣」方可以喊對方「陣」裡的任何一個人的名字。喊到誰,誰就要過去,並用力衝撞對方的隊列,撞不開,就算被征服了,要參加到對方的行列裡。如果撞開了,就「擄」回一個人來。如此反覆,直到一方將對方的人全部「降服」就算是勝利啦。

滿族聖物索倫桿

　　滿族農家院內都豎有「索倫桿」。 索倫桿與漢族所立燈籠桿不同，燈籠桿上端設置有掛燈籠的挑桿和風車輪，在風車輪下邊懸掛一縷青穗看風向。而索倫桿頂端則安放一個錫斗（也有用木板製成的），內裝切碎的豬腸、心、肝、肺和五穀雜糧，在錫斗下邊掛一根豬的頸骨，這便是滿族用來祭天的「神桿」。清末曾在東北任職的劉兆禔所作《吉林紀事詩》中，有這樣一首：「植立庭前木一根，祭天祀祖百神存。禳祈禍福憑義勇，切肉同餐俎上豚。」詩中所詠即舊時東北滿族宅院中所立的「索倫桿」。

　　豎索倫桿的地點，一般在宅院東南方正對屋門的位置，比較寬敞的庭院索倫桿位於院心磚砌或木製影壁之前，因桿子較高，人們從院外就可以看到，因此也成為滿族人家的標誌。每當祭祀時，人們會在斗裡放上穀米和動物的肝臟，用來餵烏鴉。關於這個風俗還有一個美麗的故事呢。

　　相傳，努爾哈赤曾在明朝鎮守遼陽的總兵李成梁手下做過僕人。因為他非常老實憨厚，人稱「小憨子」。有一次，他給李成梁洗腳時發現，李成梁的腳上有三顆紅痣，就隨口說：「老爺腳上有三顆紅痣。」李成梁就說：「你可別小看這三顆紅痣，它是富貴的象徵，正是憑藉它，我才平步青雲，有今天這

▲ 索倫桿

樣的榮耀。」而努爾哈赤則不以為然地說：「那算什麼啊，我腳上有七顆痣呢。」當時，李成梁心裡一驚，為什麼呢？因為前些日子皇帝做了一個夢，夢見東北要出現「混龍」，要奪取大明江山，所以下了一道密詔給各地方官員，要捉拿有此特徵的人。

李成梁想，「小憨子」說腳上有七顆痣，分明是腳踏北斗七星，這可是個貴相，他肯定就是皇上要捉拿的人，所以他想殺了這個「小憨子」。李成梁把這個想法告訴了自己最寵愛的四夫人，而四夫人最喜歡「小憨子」，不忍心看他被殺，就偷偷地告訴了他，讓他馬上逃跑。於是，「小憨子」就騎了李成梁的大青馬，帶著和他一起長大的大黃狗連夜逃跑了。李成梁發現後，就率兵在後面追。當追到懸崖邊上的時候，「小憨子」中了一箭，從懸崖上摔了下去。當李成梁趕到時，剛好一群烏鴉落到了「小憨子」的身上，李成梁想烏鴉是吃腐肉的，肯定「小憨子」已經死了，於是扔下許多火把就撤退了。這一來，四周起了火，努爾哈赤的大黃狗就用嘴去拽他，但他怎麼也不醒，於是大黃狗就到旁邊的池塘裡把全身滾濕，跑回來在地上打滾把火滾滅。火是被滾滅了，而大黃狗也累死了。後來，李成梁知道是四夫人報的信後，就把四夫人給吊死了。

努爾哈赤統一了女真後，規定滿族八旗家裡都要豎「索倫桿」，上面放上穀米和動物的內臟，用來喂烏鴉，感謝烏鴉的救命之恩。相傳滿族人也不吃狗肉，是為了感謝大黃狗的救命之恩，滿族人供奉的佛陀媽媽是李成梁四夫人的化身。由於索倫桿是滿族宅院中的「聖物」，平時人們對它也很崇敬，不得往桿座前扔倒污水濁物，不得坐或用腳踢蹦桿座，也不能在神桿下口出污言穢語，否則便會被「天神」知道，遭受責罰。這一具有濃厚宗教色彩的標誌物，也成為滿族傳統民居的一大特色。

薩滿靈課

薩滿靈課是指滿族文化中用「嘎拉哈」占卜的一種民間智慧活動。薩滿靈課的歷史非常悠久，其起源一般被認為在五千年至一萬年前。從遠古開始，占卜學始終被認為與醫藥學、天文學、哲學、數學等學科同等重要，關聯著自然與社會的多方面問題，是一種知識繁雜、學習困難的學問，一般人幾乎不懂。而薩滿靈課作為民族文化園中的一枝奇葩，同樣有著深奧與神祕的特徵。

四平市文化藝術工作者對此做了深入研究，出版了「嘎拉哈」研究專著《薩滿靈課》（李罡、張振海著，2014 年 6 月）。

在薩滿文化興盛的東北亞一帶，上至部落領袖大汗薩滿，下至引車賣漿牧羊男女，很多人瞭解薩滿靈課這門占卜術。在抉擇風雲戰事、飲食生活等重大事宜時，常常以拋嘎拉哈來認定吉凶。歷史上有具體的記載，當年努爾哈赤征戰天下，身邊有一位軍師兼任的薩滿，每次打仗前，都要用薩滿靈課來進行占卜，決定是否可以出戰，有著重要的軍事意義。

另一方面，薩滿靈課的占卜方式與普通百姓的生活也是休戚相關，涉及人世間的每一個角落，是日常生活中不可或缺的靈性夥伴。這種占卜方式簡便易行，只要對嘎拉哈有一定感情，就會讀解得到明確的指示，為人們判斷事態、取捨行動，提供參考的依據。

薩滿靈課中的嘎拉哈非常珍貴，是被老薩滿用過法、開過光的。它不僅是一種「定福禍決嫌疑」的占卜工具，而且在日常生活中有著重要的地位。一般情況下，占卜後不能將嘎拉哈亂扔亂放，要裝入「媽媽口袋」放在隱秘處的祖宗匣

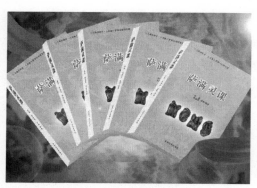

▲ 李罡、張振海著作《薩滿靈課》

內保管。如果家中有睡悠車子的小孩兒，這四個嘎拉哈就有了特殊用處，用紅線拴起來，放在悠車裡面或者懸掛在悠車的上方，起到鎮靜驅邪的作用，所有的邪靈都會遠遠離開，使孩子安靜睡覺，健康成長。

如今，很多人對嘎拉哈很陌生了。生活方式的不斷改變，原始的漁獵生活已經遠去，畜牧業也在成規模地發展，嘎拉哈無論作為卜具還是玩具，悄然退出社會生活的舞台。算命占卜已經成為非科學的迷信活動，孩子們新穎的玩具越來越多，嘎拉哈已經滿足不了遊戲的需要了。進一步說，用現代人的眼光看，古人用四個嘎拉哈來認識宇宙萬象以及物質運動的法則，顯然是幼稚的、可笑的、非科學的、非理性的。那麼，既然占卜算命是非科學的，為什麼要來花很大力氣來挖掘、研究、整理這部近乎失傳的《薩滿靈課》，並著手努力把這份文化遺產保存下來留給後人呢？

首先看到，這種占卜活動產生於人類童年時代。那時生產力低下，文化與科學處於矇昧時期，而自然界與人類相互關聯的複雜性，生存的殘酷性，難以把握和正確對待，很多的問題解決不了，人的思維判斷能力無法應對自然與社會給人們提出的眾多難題。古人也知道，和諧與美好的生活多麼重要，但卻不是常有的，要用心期待，時刻觀察好時光的到來，哪怕是一點兒跡象——吉兆，就要及時抓住，來滿足人們現實生活的需要。只要用心觀察，生活中就有很多吉兆。因為神靈和祖先無時不在保佑著人們過好日子，他們的想法、手勢或跡象不時地顯露出來，尊祖敬神，感恩上蒼，使生活更加幸福。但是，由於神靈和先祖也有照顧不到的時候，或者人們做錯事情的時候，此時對生活不利的凶兆也會顯現。即使是這樣，那些不利於人們生存的現象，祖先和神靈們也能及時地告誡，讓人們及時反省，如果無視凶兆現象，就會自取其苦，就怪不得別人了。

在《薩滿靈課》中透出了自然世界與現實生活的複雜性，在很多事情上，人們看到的結果不一定是最後的真實，其間可能隱藏著人們沒有看到的東西。事實上，一個人一生中遇有好事降臨時，同時也會有禍事相依從。有禍事降臨

時，好事也會隨之降臨。也就是說，好事中有禍事，禍事中有好事，兩者是相依從而獨立的。這是哲學上所說矛盾的對立統一性，兩者是相互依存、相互對立、相互統一的。哪怕這卦占的是「柔順伸展，仁者無敵」，是大吉大利之象，但也不可以掉以輕心，也有可能陷入迷茫困惑的具體事件當中，或者感覺身處黑暗的子夜，星光下也有判斷力無法抵達的角落。

還有，《薩滿靈課》中反覆強調的是人的素質，是人的決斷能力和行動能力。可以問財運在何方，但得自己做出更準確的回答；做生意何時要出手或收手，選擇經商還是從政，是想當瓦匠還是去當兵？你的白馬王子何時會出現？你的老公或者老婆會不會出軌？等等問題可以從拋嘎拉哈中得到答案，但解決問題的具體行為，還是靠你自己，因此才說《薩滿靈課》的算命意義是重大的、有趣的，能夠博得我們認真一笑。

《薩滿靈課》嘎拉哈爻辭，除了反映自然的天道外，對人的倫理道德也有著指引與批判的雙重作用。它不厭其煩地告訴人們，不能違背社會人倫的基本關係和行為準則，要愛家庭、愛夫妻、愛朋友、愛社會，要分清是非，要在棄惡揚善中彰顯人性的價值，從而看到《薩滿靈課》中有一部詳細的人生路線圖，對人的成長、事業的發展有著重要的參考價值，可以避免走彎路，讓人生更加精彩。

那麼，四平文化藝術工作者挖掘整理《薩滿靈課》有什麼現實意義呢？大千世界森羅萬象，人生際遇撲朔迷離，在這種情況下，為了拒絕陷入迷惘的深淵，幽默地拋出四個嘎拉哈，朋友們哄然一笑，身上的壓力減輕了，人們的生活也多了一道快樂的風景。

文化作為一種精神力量，能夠在認識世界、改造世界的過程中，轉化為物質能量，對社會產生積極的影響。歷史也早已證明，一個民族只有物質和精神兩個方面都富有，才能自尊、自信、自強。文化能夠凝聚人心，激勵人心，保持民族文化的傳承，是連接民族情感紐帶、增進民族團結和維護國家統一、社會穩定的重要基礎。

薩滿神器

薩滿神器包括神鼓、鼓槌、腰鈴、銅鏡、神杖、神刀、神帽、神裙、神衣、神手套、神鞋等。

▲ 薩滿神器

二〇一四年春，四平市大東北文化研究學會旗下的「薩滿藝術研究所」編著了一部《「老薩滿」文化品牌策劃報告——研發戰略暨操作模式圖譜意向》，其間的十大項目中，就有關於薩滿神器中石雕、木雕、骨雕、陶偶藝術的專題篇章。

薩滿文化中的骨雕藝術，是指一些神符或圖騰物，它們是用牛骨、羊骨、豬骨、駱駝骨等動物骨骼雕刻而成，體現了滿族特色以及原始部落族人信仰和對美的追求。其神韻是超越生活、超越現實的，是當代藝術創作與創新中的一朵奇葩。在這些「薩滿石」面前，迸射一種遠古的氣息，一種純真野性的自由心靈。薩滿石的瑰麗與神祕，不僅是藝術上的瑰寶，其間也有宗教的真諦，歷史的粗糲，以及那些令人凝神與無奈的殘缺，讓你感到很「愚」，很「趣」，不明白內容旨象，摸不著頭腦，沒有辦法表示贊同和反對，叫板人們的智商，陷入迷茫狀態。這種神祕美，思維活動是異常的，內在意蘊是象徵的，形式顯現是怪誕的，而對人們的心理影響是神聖的，崇拜的。

神祕的東西吸引著人們，這是其神祕美的趣味和魅力。在人類社會中，「薩滿石」是一種最獨特、最富有神祕性的語言。它的內部，可能含著打獵的數量、風雨的意義、日月的編年、雷電的結構、動物的分類、部落的繁衍、戰爭的策劃、後代的培養等，無不與這些神祕的「薩滿石」有關。

薩滿文化中的泥陶系列，包括圖騰陶偶、靈符陶磚等，是薩滿祭禮中敬獻神祇的靈物，表現了薩滿教的宗教觀念，族人所信奉的自然神、祖先神、英雄神等。

薩滿戲劇

在二〇一四年六月十四日「中國文化遺產日」紀念活動中，四平藝術劇院上演了瑪琥戲《太陽神》（編劇張振海）片斷，引起很大反響，使失傳已久的滿族藝術奇葩綻放在四平，為吉林的藝術舞台增添了一筆亮色。

早在清朝時，宮廷和民間廣為流傳著瑪琥戲。「瑪琥戲」一詞為滿語，是「假面舞劇」的意思。演出時演員要戴上面具，而這些面具是角色的分配，是神靈與權力、地位的象徵，是部落圖騰的寫意，也是戲劇表演的道具。

張振海執筆的《四平文化史略》（2004年出版）一書中，收錄了在伊通縣調研時陸德華口述的瑪琥戲《音得恩都里》。這個劇名在滿語中是「芍藥神」的意思。劇中主要人物是巴圖魯，滿語是「英雄」的意思。該戲中還有八個女演員，戴著芍藥神的面具。這齣戲講的是：部落裡得了瘟疫，是魔鬼在搗亂。巴圖魯站了出來，打敗了這個魔鬼，來採芍藥花，為部落驅除災難。這齣瑪琥戲用走唱、小調、敘事的旋律，塑造一位民族英雄的形象，感人至深。旋律多用分節歌唱，上下句的連綴，段落之間用神鼓過渡。歌唱有領唱領舞，一唱眾和，變化多樣。唱詞都是口語化的，英雄人物邊舞邊唱，激情四射。伴奏的自然是民間特色的神鼓、神號、銅鈴、銅鑼等，氣氛熱烈，特色濃郁。

▲ 薩滿戲劇

從這齣《音得恩都里》的瑪琥戲來看，它的表演是戴面具的，不同的角色之間，面具的色調、造型各有不同，能夠讓人直觀地看到人物的性格，同時也增加一種神祕性，那種獰戾的、變異的形象，是對搗蛋的疫鬼一種威懾，一種恐嚇，同時增加了演

員的魅力，又給觀眾增強了審美感受。

在瑪琥戲內容上可以隨意選擇，雖然是在劇情之內，但又是靈活的，不受劇情的過度約束，如《音得恩都里》那樣，其演員多是薩滿出身，劇目又多是歌唱神靈、歌唱英雄，其表演具有濃郁的宗教性質。瑪琥戲是歷史、民俗、民間宗教和原始戲劇的綜合體現，蘊藏著豐富的文化元素，具有重要的研究價值。瑪琥戲常是和薩滿活動同時舉行的，所用的道具，也是法器，那些神案、腰鈴、銅鏡、抓鼓、鼓鞭、面具等，是法器也是道具。

還有一些瑪琥戲，內容是狩獵、祭祀、求子、治病、驅邪等方面的。有一齣《額爾伯里》的瑪琥戲，就是「求子」的主題。「額爾伯里」是「蝴蝶媽媽」的意思。由八個演員戴著憨態可掬的蝴蝶面具，圍繞一位戴有白髮老人面具的演員嬉戲舞蹈，歌唱「蝴蝶飛到你家，你的孩子像春天的蝴蝶一樣多」，從而使人們相信，上天送來了福音，送來這麼多可愛的孩子，來陪伴和延續自己的生命。

現代戲劇的創新與發展，應該「拿來」瑪琥戲那些優秀的東西。比如，瑪琥戲中的神鼓舞，優美大氣，應該完全繼承。它的基本語彙有跪式步，弓箭步，雙鼓對搓，跨步纏頭，左右掛鼓，凌空旋轉，出手傳接等。神鼓舞腰部動作大，前後左右均可扭動，與腰鈴巧妙配合，並有腰鈴伴舞，十字步搓，鼓聲與鈴聲相和，鏗鏘悅耳，豪放有加。

「瑪琥戲」的其他主要語彙元素，還有手鈴舞。在一根一米多長的樺木棍上，拴有三至七個銅鈴，演員用「磕棒」「顫抖」的表演，還有小叉步顫抖晃鈴棒，轉身顫抖晃鈴棒、挫步晃腰手腕磕棒、曲肘磕棒、拉蹲式左右肩磕棒、左右轉身雙腿磕棒等動作，表演得豐富有趣，節奏明快，可以成為現代戲中一種很好的演藝方式。

「瑪琥戲」中有很多原始性的舞蹈，如「瑪蘇密舞」「蠻特舞」「托裡舞」「腰鈴舞」「銅鏡舞」等，有趣的還有模擬各種靈禽神獸的「動物舞」，如鷹雕舞，演員雙手各擎一面神鼓，模擬鷹神的兩個翅膀，邊呼扇邊旋轉，步步生

風，特定的「八字鷹步」優美好看，把動物表現得惟妙惟肖。如百獸之王的虎神降臨神堂後，演員模擬老虎嬉虎崽等，趣味十足。

瑪琥戲的演劇活動在薩滿文化的精神深處暗藏著一種湧動的激情，那種神祕的虔誠和對於生命活力的珍愛，促使人們去尋找和發掘裡面更為廣闊的東西。從薩滿跳神延伸出來的瑪琥戲，是一種純粹的原始戲劇方式。瑪琥戲以迷狂的舞蹈歌唱的形式，來演繹神與人的故事。但是，那種迷狂是有節奏的，是有章法的，不是那種神志不清的哼唱，不是那種雜亂無章的舞跳，而是分為戲劇角色，在情節發展中表述故事，塑造人物。那種歌唱與跳神，是戲劇呈現的一種方法，一種獨特性的演藝技巧。

唱瑪琥戲的，當初是原始部落中的薩滿，而後是多人參與，人與人交流，人與神交流，和神靈溝通與對話，在娛人娛神的戲劇活動中，為部落指點迷津，渡過難關，迎接新一輪的太陽。薩滿是部落的領袖，也是族人的醫師，而且有很多醫治各種病痛的套路和方法，瑪琥戲的演出，就是醫師修補人的靈魂的精神活動之一，因此大受部落族人的歡迎。他們的治療方式，是舞蹈化的戲劇圖騰，什麼節令演什麼瑪琥戲，什麼情境唱哪路神歌，有著自己的規矩。通過舞蹈、擊鼓、吼唱等方式，來完成人物的塑造，來完成精神世界所需要的魂魄安撫，來完成人與人的對話與溝通，在熱情奔放的演藝中，在奇絕瑰麗的想像中，誇張地演繹一個又一個超人的神靈，把人物的內心世界表達出來，把人物的性格和感情抒發出來。

瑪琥戲的最大貢獻，還在於它教給人們創造角色，創造出一個和自己不一樣的人，並進入到角色的性格中去，用角色的話語述說自己的話語，讓角色的行為代替自己的行動。在實現戲劇的過程中，瑪琥戲的面具十分重要，為現代戲劇的豐富和發展提供了廣闊的空間。

現代舞台的藝術發展，必須兼顧繼承與創新兩個方面。有繼承，才有濃厚的積澱，源遠才能流長；有創新，才有無盡的動力。創新決定未來，創新決定成敗，要用新的視角觀察世界，用新的思路感悟生活，用新的形象打造舞台，

用新的眼睛聚集審美，只有這樣，族群的舞台才會有酒神精神，才會永遠鮮活。

「瑪琥戲」的舞台已經走在探索的路上。四平市藝術劇院排演了瑪琥戲《太陽神》，《戲劇文學》同時發表瑪琥戲的重要論文，其舞台實踐填補了歷史上的空白，正在申報省級文化遺產。

薩滿剪紙

在二○一四年六月十四日「中國文化遺產日」紀念活動中，閆雪玲在四平市博物館舉行個人薩滿剪紙展，引起極大反響。

閆雪玲的剪紙，在中國傳統剪紙藝術的基礎上，著眼於中國東北的滿族生活風俗，進而深入研究原始宗教的薩滿文化，用剪紙藝術來呈現薩滿神祇的形象，展示現代的人文理念，引起了各界關注。

閆雪玲剪紙師從於母親。她很小時就瞭解到，剪紙在中國歷史悠久，在漢、唐時代，中國就有這種剪紙的花樣，妝飾婦女的頭鬢，後來發展為剪刀下的花草、動物、人物以及戲劇故事。

閆雪玲生活的地方，與滿族自治縣、自治鎮、自治村很近。滿族人生活風俗的特殊性，使她產生很大的興趣。在滿族民間特定的文化背景與生活環境下，在母親的教誨下，閆雪玲把見到的、聽說的、喜愛的人物、景物剪成作品，得到大家的喜愛。

閆雪玲進入「薩滿神祇」的剪紙藝術領地，得益於很多機緣。母親教她剪

▲ 市領導視察地方文獻展廳

紙時，就有「嬤嬤人兒」（也稱「嬤嬤神兒」）
的形象，時而有很多傳奇故事，從而愛上了那
些神奇的形象。薩滿文化中崇拜的狗、龜、
鵲、鹿、鷹是她剪紙的習作，進而有了內容豐
富的祭祖、野祭等形象。在朋友的討論中，深
刻認識到薩滿神祇的形象，他們是熱愛部落家
園、保護蒼生黎民的英雄，就用剪紙的藝術形
式，把這些神祇英雄塑造出來，讓人們更懂得
神祇與英雄的含義。

閆雪玲為了把自己的理性認識形象化，突
破了傳統的、單調的剪紙方式，用多層、多
色、多義的藝術手段，尋找薩滿神祇剪紙風格
的古雅、古旨、古趣，得到了同行的稱讚，讓
人們看到藝術家在探索薩滿文化的意義，在重

▲ 統治中國48年的慈禧皇太后

新結構原始宗教意象的新空間、新秩序，因而在各種藝術活動中獲得三十多個
獎項，被邀請到德國、印度和瑞典等地交流展出。

▲ 統治中國48年

閆雪玲的薩滿剪紙，帶給人
新奇的審美感受。這些形象，在
愚蠻中透射出智慧，在幼稚中蘊
藏著衝動，在素樸中顯現出勇敢
和粗獷。它是原始社會人類在最
困難時刻，對自我生存環境與生
命意義做出最佳的精神認同方
式，是人類萬年前的生命旗幟流
傳至今的映像。

吉林文庫　A0703A18

文化吉林：四平卷

主　　　編	莊　嚴	
版權策畫	李　鋒	
責任編輯	林以邠	
發 行 人	陳滿銘	
總 經 理	梁錦興	
總 編 輯	陳滿銘	
副總編輯	張晏瑞	
編 輯 所	萬卷樓圖書股份有限公司	
排　　　版	菩薩蠻數位文化有限公司	
印　　　刷	維中科技有限公司	
封面設計	菩薩蠻數位文化有限公司	
出　　　版	昌明文化有限公司	

桃園市龜山區中原街 32 號

電話　(02)23216565

發　　　行　萬卷樓圖書股份有限公司

臺北市羅斯福路二段 41 號 6 樓之 3

電話　(02)23216565

傳真　(02)23218698

電郵　SERVICE@WANJUAN.COM.TW

大陸經銷　廈門外圖臺灣書店有限公司

　　　電郵　JKB188@188.COM

ISBN 978-986-496-269-3

2018 年 1 月初版

定價：新臺幣 440 元

如何購買本書：

1. 轉帳購書，請透過以下帳戶

　　合作金庫銀行　古亭分行

　　戶名：萬卷樓圖書股份有限公司

　　帳號：0877717092596

2. 網路購書，請透過萬卷樓網站

　　網址　WWW.WANJUAN.COM.TW

大量購書，請直接聯繫我們，將有專人為您

服務。客服：(02)23216565　分機 610

如有缺頁、破損或裝訂錯誤，請寄回更換

版權所有·翻印必究

Copyright©2016 by WanJuanLou Books CO., Ltd.

All Right Reserved　　　　Printed in Taiwan

國家圖書館出版品預行編目資料

文化吉林. 四平卷／莊嚴主編. -- 初版. -- 桃
園市：昌明文化出版；臺北市：萬卷樓發
行, 2018.01

　冊；　公分

ISBN 978-986-496-269-3(平裝). --

1.文化史　2.人文地理　3.吉林省

674.2408　　　　　　　　　107002126